リジュのテレーズ　1897年

リジュのテレーズ

・人と思想

菊地　多嘉子　著

125

CenturyBooks　清水書院

はじめに

「小さき花」、「小さきテレジア」などの呼び名で親しまれているリジュのテレーズ＝マルタンがフランスの小都市アランソンで生を受けたのは、一八七三年の一月二日である。一五歳になるのを待ってリジュのカルメル会修道院に入り、二四歳の秋、ほとんど全身を結核に冒され短い生涯を閉じた。

カルメル会は修道会のなかでも、いわゆる「囲壁」のある伝統的な修道会で、外部との交流は家族のほかにごく少数の人々に限られている。テレーズはここで九年を過ごした。この間、これといって目立つこともなかったから、生活を共にした修道女の一人がこう語ったほどである。「テレーズはもうそんなに長くはないでしょう。亡くなったら院長様は追悼録に何を書かれるでしょうか。『テレーズはリジュのカルメル会に入会し、修道生活を送って帰天した。』これ以上、書くことは何もないではありませんか。」

一八九七年の九月三〇日、テレーズが三か月の病床生活を送って帰天し、葬儀と埋葬がすむと、修道院はいつもの静けさに戻った。ふつう、一修道女の死がいつまでも共同体の生活に影響を投げかけることはない。こうして、すべては終わったかに見えた。

ところが、それから数か月もたたぬうちに「栄光の旋風」が世界を揺り動かし始めたのである。その発端は、テレーズが病床で書きつづった回想録『一つの霊魂の物語』が、全フランスのカルメル会と教会関係者に送られたことにある。このつつましい自叙伝は翌年再版されたが、やがて三五か国語に翻訳され、一九一五年には抄訳を含めて八二万部が購読された。死後五〇年間に書かれたテレーズの霊性に関する神学研究書は八六五種に及び、現在もその跡を絶たない。

教皇ピオ一一世は一九二五年五月一七日に、テレーズを聖人の列に加えた。帰天して三〇年もたたぬうちに聖人の位に挙げられるのは、稀有《けう》の出来事である。毎年、世界中から一〇〇万を越える巡礼者がリジュを訪れる。教皇ヨハネ＝パウロ二世は一九八〇年の六月にリジュを訪問した際、テレーズに捧げられた大聖堂前の広場で、一〇万人の巡礼者に次のように語った。

「聖霊がリジュのテレーズをとおして根本的な神秘、福音の根本的な現実を現代の人々に知らせてくださいました。『小さな道』は『幼子の聖なる道』であります。そのなかで、もっとも根本的で世界的な真理が再認識されました。すなわち、『神は私たちの父であられ、私たちはその子らである』ということです。」

著名な神学者イヴ＝コンガールの言葉をかりて言えば、テレーズは「原子力の世紀の初めに、神の手で点火された灯台の一つ」である。

私が人生の意義を探求して、カトリック教会の門を叩いたとき、最初に手にしたのが『カルメル山の小さき花』と題して邦訳されたテレーズの自叙伝であった。神は小さい者をいとおしみ、罪びとを限りなくゆるし続けるあわれみ深い父であり、その呼びかけに答える道は幼子のような信頼とゆだねであることを、テレーズは倦《う》まず説き続けている。当時、医学生であった私はテレーズによって愛といのちの神秘に目を開かれ、超越の世界への希望に胸を躍らせた。やがて洗礼の恵みに浴したとき、私はためらわずにテレーズを保護の聖女に選び、キリスト者としての歩みをテレーズの守りにゆだねた。

幼い頃からの憧れであった医者になり、大学の研究室に身を置くようになって、私は一回限りの人生を神と人々のために捧げて生きたいと願い、聖母マリアに捧げられた教育修道会、コングレガシオン-ド-ノートルダムに入会した。医学の世界から教育界に転じ、神学を学び始めたとき、私はテレーズの霊性の福音的豊かさ、深さ、広さの量りがたさに驚嘆し、あらためてその魅力に打たれずにはいられなかった。

フランスに留学中、リジュやアランソンなど、テレーズゆかりの地を訪れる機会はいつもあったが、私はあえてそれをしなかった。壮麗な大聖堂や幼年時代を偲ぶ記念館などは、おそらくテレーズの素朴さとはほど遠いであろうとの思いが、巡礼を思いとどまらせたのである。というよりも、テレーズは私にとってあまりにも身近な存在であったので、その必要を感じなかったと言ったほうがよい。清水書院の清水幸雄氏より「人と思想」にリジュのテレーズについて執筆のご依頼があったとき、身のほどもわきまえずにお引き受けしてしまったのも、テレーズとの親しさのゆえであった。

わが国にも男子と女子のカルメル修道会があって、テレーズの霊性に造詣の深いカルメル会修道司祭がたも、あまたおられる。あまつさえ、聖人伝のなかでも、テレーズに関する著作の邦訳はもっとも多い。日がたつにつれて、私は自らの軽率さを恥じずにはいられなくなった。それでもあえて執筆にかかったのは、現代の若者たちの心にある、永遠なるもの、真実なるもの、限りない愛への渇きを想ったからである。

キリスト教を知らない方々に、観想修道会の一つであるカルメル会で生涯を奉献する修道女の生活と、その意義をわかっていただくために、冗長になると知りながら、あえて本文のなかでこれを説明することにした。テレーズの中心思想を生涯の歴史的流れに沿って述べたのも、同じ理由に基づいている。

この拙い書をとおして、リジュのテレーズがかつて学生時代の私の問いかけに答え、いのちの泉へと導いたあの不思議な力を、読者の方々にも発揮することを信じたいと思う。テレーズの墓石の十字架に刻まれた言葉が、今も世界で実現し続けているからである。

「私は、私の天国を地上に善を行うために過ごすでしょう。」

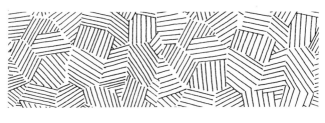

目次

はじめに……三

I カルメル会入会まで
マルタン家の人々とテレーズの幼年時代……一二
人生の第二期……二四
神のみを求めて……三四

II 信頼とゆだねの道
無の体験……五二
愛による解放……七一
「小さい道」の発見……八八

III 死を予感しつつ
新たな上昇……一〇二

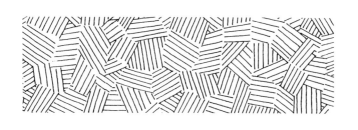

「私の天職、それは愛です」……一一七
暗い夜に……一二九

IV　永遠の光へ

聖母マリアとテレーズ……一五四
「天国の扉を前に」……一六三

おわりに……一七五
付　記……一八〇
あとがき……一八七
年　譜……一九一
参考文献……一九五
さくいん……二〇一

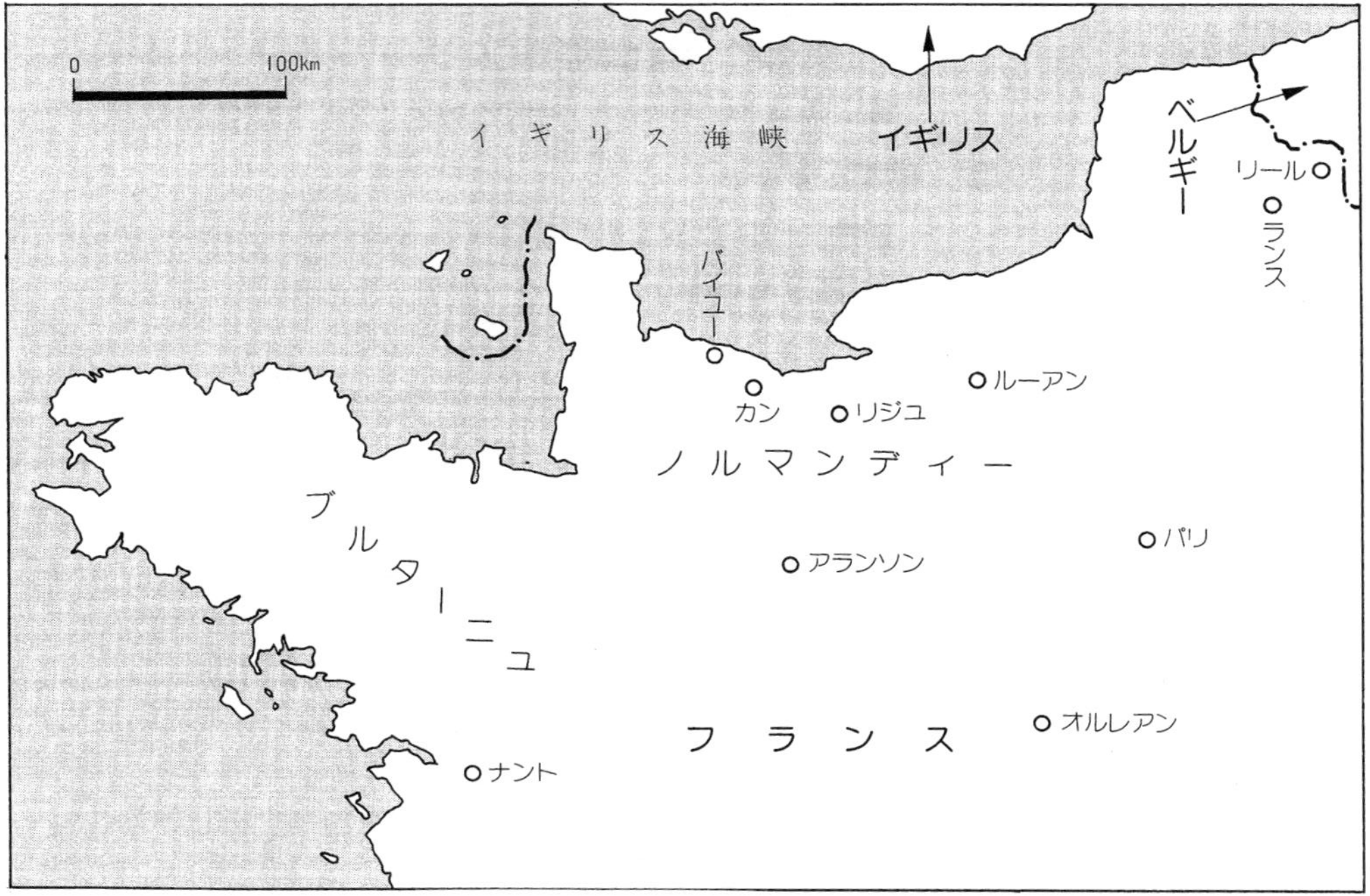

リジュのテレーズ関連地図

I

カルメル会入会まで

マルタン家の人々とテレーズの幼年時代

一九世紀、フランス北部に位するノルマンディーの小さな田舎町アランソンは、絵のような美しさと気品をたたえた町であった。ラ゠ブリアント川、ラ゠サルト川が町を縫って流れ、アンリ四世の面影をとどめる古城と、三つの壮麗な教会が人々を瞑想に誘う。

父ルイ゠マルタン

ルイ゠マルタンとアゼリ゠ゲランの結婚式が挙げられたのは、一八五八年七月一三日の深夜、ノートルダム教会においてである。この日から一五年後の一月四日に、生後二日目の末娘テレーズが洗礼を受けるため、長姉のマリーに抱かれてこの門をくぐる。

テレーズの父ルイ゠マルタン（一八二三～九四）は職業軍人ピエール゠マルタンの次男としてボルドーで生を受けた。思索と瞑想と旅を好む青年に成長した彼は、人里離れた静寂の渓谷で祈りと愛のわざに専念しながら神に奉献された生涯を送るべく、グラン゠サン゠ベルナール修道院の門を叩く。しかし、学歴とラテン語の知識に欠けていたため、入会を一時断念してふるさとに戻った。後に時計と宝石の店をもつのであるが、結婚しても屋根裏の一室を独房にあてて、読書と瞑想にふ

父ルイ＝マルタン（右）と母アゼリ＝マリー

ける。果たしえなかった修道生活の夢に、終生心をとらえられていたのであった。

三四歳になっても結婚する意志はなく、時間を見つけては釣に出かける。ノルマンディーの森、白鳥のすべる湖、小鳥のさえずり、自然の静けさに包まれて、ルイは超越の世界に憩う。後に、この同じ場所で愛らしい末娘のテレーズが、初老を迎えた自分に寄り添い、祈りに時を忘れるであろうなどとは、夢にも思いおよばなかった。

母アゼリ＝マリー

テレーズの母となるアゼリ＝マリー＝ゲラン（一八三一～七七）は、当時二六歳であった。父親のイジドル＝ゲランは四〇年の軍務に服した誠実さの典型である。ルイズ＝マセとの間に一男二女をもうけた。長女のマリー＝ルイズは後に聖母訪問会の教育修道女となり、寄宿学校でアゼリの娘たちを教育することになる。自由奔放な青年期を過ごした弟イジドルはリジュに薬局を開き、セリーヌ＝

フルネと呼ばれるすぐれた女性を配偶者とした。柔和、敬虔で判断力に恵まれた円満な人柄のセリーヌは、夫に多大な影響を与え、アゼリ亡きあとはマルタン家の娘たちに母のような愛情を注ぐ。イジドルも妹の家族をこよなく愛し、後見人の役割を果たすのである。

アゼリは聖心会の修道女の学校で教養を身につけ、すぐれたキリスト教教育を受けた。活動的で思いやり深く、強靭な性格の持ち主であったから、生涯を病人に仕えながら神に奉献したいと望むようになる。しかし、聖ヴァンサン゠ド゠ポール修道会で入会を断られてからは結婚を志し、幾人もの子どもをもうけて神に捧げようと心に決めた。その時を待ちながら、アゼリはレース学校に入り有名なアランソン゠レースの技術を身につけ、独立してレース製造の店を開く。一九世紀の半ば、フランスの地方では若い娘が進んで事業を始めるというのは前例がなかった。後継者を養成しながらデザインを創作して編むことを教え、同時に注文をとって得意先と交渉する、これを若い娘が一人でやってのけるには並々ならぬ意志と創意、人を扱うある種の天稟《てんぴん》を具えていなければならない。アゼリはこのすべてに恵まれていた上、温かく優しい心の持ち主であった。やがて、不思議な導きの手がアゼリとルイを結ぶのである。

出産と死と

ルイ゠マルタンとアゼリは結婚して一四年間に、女児七人、男児二人に恵まれた。ところが、この間に出産と死亡が相次ぐ。三人の乳児と五歳の幼児、それにアゼリの両親、ルイの父親も逝った。レース店のきりもりと、二〇名ほどの職人への配慮、家事と九回の出産、育児、看病、そして死別。朝の四時半から夜の一一時まで立ちずくめのマルタン夫人は、弟に書く。「私は奴隷のように働いています。レースの注文が多く、休む暇がとれません。」（一八七二）

その頃、夫のルイは自分の店を甥に譲り、妻の仕事の経営に専念していた。だからといって、アゼリの仕事が減じたわけではない。娘たちにゆきとどいた教育を受けさせるために働き続けながら、寸暇を惜しんでアマンの寄宿学校にいる娘たちにしたためた四七通におよぶ手紙、またリジュの親戚に宛てた八二通の手紙は、文才と、円熟し開花した女性の面影を彷彿とさせる傑作である。

マルタン家は一八七一年にサン゠ブレーズ街に移転した。赤煉瓦造りの三階建てで、裏庭には果樹や花壇のあるつつましいこの家が、テレーズの生家となる。

テレーズの姉たち

テレーズが誕生した時、長女マリーは一三歳、次女のポリーヌは一二歳になっていて、寄宿学校での教育や個人教授といった、当時の上流階級の娘たちの教育を受けていた。この二人の姉が、母亡きあと幼いテレーズを養育し、その人格形成の上に決定的な影響をおよぼすのである。

マリー（一八六〇〜一九四〇）は父親が「私のダイヤモンド」と呼んで愛した娘で、優しい感情の持ち主でありながら独立心に富み、束縛されることを好まず自由に憧れていた。妹のポリーヌがリジュのカルメル会に入会したあと、自分もこの道に召されていると確信し、同じ修道院で六〇年にわたる修道生活を送る。

次女ポリーヌ

次女のポリーヌ（一八六一〜一九五一）といえば、あらゆる面で母の生き写しであった。聡明で思慮深く、決断力に富み、長に立つのにふさわしい誠実さと愛情に恵まれていた。母は臨終の床で、枕元にいるポリーヌの手に接吻してこう言っている。「ポリーヌ、あなたは私の宝です。あなたはいつか、きっと修道女になりますよ。」母が死んだ翌日、四歳のテレーズはポリーヌの腕に身を投げかけて、「私の小さいママ」と叫んだ。文字どおり幼い妹の母代わりとなって、その成長過程に最も強い指導力を持つのが、この姉である。二一歳のときカルメル会に入会し、長年にわたって院長職を務めた。テレーズがカルメル会の志願者となったときから死を迎えるときまで、さらに死後五四年間、妹のために果たした固有の役割は特筆に値する。

三女レオニー（一八六三〜一九四一）はマルタン家にとって、絶えることのない心配の種であった。病弱でなかなか知恵が開けず、移り気な妹を母親に代わって教育するのが長女のマリーである。レオニーは挫折を繰り返したあと、強固な意志を貫いて憧れの聖母訪問会の修道女となり、神に奉献された生活を全うした。

セリーヌ（一八六九～一九五九）とテレーズを結ぶ絆は他の姉たちのそれとは違う。二人は考えも望みも同じで、たとえ離れていても一つの心なのである。後年、セリーヌは老いた父親を最期まで看とり、マルタン家の処理をすべて終えてから、二人の姉と妹の跡を追ってカルメル会に入会する。画家クルクの弟子で絵画をよくした上、当時としてはめずらしく写真技術を身につけた現代娘であった。セリーヌが愛する妹の肖像画を描き、写真の数々を後代に残したのは摂理的というほかはない。六年ぶりに姉妹と同じ屋根の下に暮らすこととなったセリーヌは、修練長補佐であった妹テレーズの指導を受け、後に妹が残した教えの証人となるのである。

末娘テレーズの誕生

一八七二年、すでに四〇歳を越えたアゼリはひた隠しにはしていたが、七年前に気づいた胸部の腫瘍が素人目にも悪化しつつあり、授乳などはとうていかなわぬ状態にあった。ところが、もう一人おそらく最後になるであろう子どもがほしいと祈り、ついにその夢が実現する。翌年の一月二日に誕生した末の子テレーズは、マルタン家にとってこの上ない神の祝福であり、喜びであった。母乳不足と消化不良で生後三か月目には死線をさまようが、セマレ村の農婦ローザが乳母になってくれたおかげで、一年目には見違えるほど健康な幼児になって母のふところに帰ってくる。

早熟なテレーズは、三歳にならないうちにアルファベットを覚えてしまう。創造力に富み、するどい感受性で相手の癖や表情をすばやく読みとる。活気にあふれていて、すばしっこい。それに、このいたずら好きな子どもは、おどろくほど強い意志の持ち主であった。それでいて、「何か天上のもののようなところがあり、うっとりと見とれてしまう」と、母親は寄宿生の娘たちに書き送っている。

テレーズは、無条件の無償の愛という土壌に芽生え、成長した幸いな子どもであった。

「神様は、私の一生を愛で包もうとお思いになりましたので、私の最初の思い出もこの上ない愛情に満ちたほほえみや愛撫で満たされております。また、私のまわりに多くの愛をお置きになったばかりではなく、私の小さい心も愛深い感じやすいものに造って、愛を注いでくださいました。」（『原稿A』、付記参照）

自らそれに値せずに「先に」愛されるのは、福音そのものの体験である。テレーズにとって、父親は人間の愛を待たずに愛し、いとおしみ、ゆるし続ける神の写しであり、母親の明るい、あふれるような慈愛は幼年期のテレーズのいのちであった。

マルタン家の教育

マルタン夫妻によれば、子どもは創造主である神の最高の賜物であり、教育は子どもの内面に神の姿を浮き彫りにする芸術なのである。マルタン家では、両親の協同作戦が乱れることはない。両親に尊敬を欠く言葉や態度をとることは許されず、姉妹のあいだでも礼儀正しく品位を保つこと、規則正しい生活をすること、好みに合わない料理に不服を言ったり、理屈をこねたりしないこと。これらの教育方針を、娘たちは当然のこととして受け入れていた。両親は子どもの心を包容する優しさと、欠点をためなおすためには妥協を許さない強さを具えていたのである。

愛らしい末娘のテレーズとて、例外ではなかった。家族の愛情を一身に受けながら、欠点を見逃されたり、甘やかされたりすることは決してなかった。幼年時代を詳細に描いた手記が、幼年期からいかに周到に、厳しく、同時に温かい思いやりをもって教育されたかを物語っている。自分のものを取りあげられても不平をこぼさず、理由なく叱られても言いわけをしないで、むしろ黙っているほうを選ぶ。このような訓練は、おとなにとってもかなりの意志力を要する。テレーズは、幼い頃からこのような「よい習慣」を身につけていた。「あの頃、私は自分のすべての行いの上に大きな支配力を持っていて、今と同じ心構えであったように思います」と述懐している。

姉たちと同じように、テレーズの良心は恐れによってではなく、愛によって形成された。両親の意志は絶対の優位を占めていて、愛してやまぬ者が愛ゆえに命じるすべてを肯定し、自ら愛の自由をもって従う。セリーヌの言う「異常なまでの強い意志力を具えていた」テレーズの、愛に基づく自己克服は日常生活のいたるところで実践された。

「私は三歳のときから、神さまのお望みを拒んだことはありません。」テレーズの断言がいかに真実であったかを、長女マリーが証言している。「あの子がほんの小さかった頃、何か悪いことをしても叱る必要は決してありませんでした。『そんなでは神様をお悲しませしますよ』と言えば十分で、二度と繰り返すことはありませんでした。」

母の死後、次女のポリーヌが妹の養育にあたったが、父母の教育方針はそのまま踏襲された。

西欧世界の世俗化に対して

マルタン家を支配していたのは、神がすべてであり神はすべてをよく計らわれるとの信仰、そして、神のみ心へのゆだねである。娘たちがキリスト教はなんであるかを識り、福音の価値観を身をもって学んだのは家庭においてであった。

両親は毎朝五時に起床して教会のミサにあずかり、夕方には晩の祈りを捧げるために再び教会に足を運ぶ。祈りに培われた彼らの信仰は、倦《う》むことのない愛のわざとなって開花した。たとえどんな事情にせよ、困っている人を見ると自分が被る迷惑などは厭《いと》わず、家に泊め、衣類を与え、浮浪者や身元不詳の病人を救護所に入れるために、長い時間を手続きにかけるのも惜しまなかった。雇人はみな、家族同様の扱いを受ける。主婦のアゼリが残り物を自分が食べ、雇人よりも早く起きて夜は遅くまで働き、彼らが病気にでもなろうものなら、家には帰さずに昼夜を分かたず看護したと、マリーは語っている。

マルタン夫妻はこの世的なものを蔑み、娘たちにも贅沢や虚栄を許さなかった。一九世紀後期のカトリック者にとって最大の出来事は、西欧世界の「世俗化」である。民衆の意識のうちに教会が首位を占めていた時代は過ぎ去り、「俗界」が優位を誇る時代へと転換したのである。この緊迫した新事態に驚愕し、困惑した信仰篤いキリスト者の心中に、二つの重大な反応が形造られていった。一つは、教会への愛と忠誠に基づく無条件の肯定であり、他の一つは、社会の全領域に浸透する「俗的」な力に対する絶対の否定である。「カトリック」と「近代化」を黒白に分け、中庸を断乎拒んだ信心深い人々を、フランスのエスプリは「国内移住者」と呼んだ。国内には居住するが国民一般の生活から逃避し、過去の追憶に方向づけられている者、との意である。

俗世間に対する蔑みが、貪欲と享楽の追求から信心家たちを解放して心の自由をもたらしたことは確かであり、その結果として高度の道徳性を生んだことは否めない。テレーズの家庭にはこの傾向が明らかである。ルイ゠マルタンは屋根裏の独房で聖なる読書と瞑想に耽る時間を確保していたし、アゼリの修道生活への渇望は消えず、娘たちがみな神に奉献された生活に入って、自分の果たしえなかった若き日の夢を実現してほしいとひそかに願い続けていた。したがって、娘たちがごく自然に修道生活に憧れ、ひたすらその道に進もうとしたのも不思議ではない。

母の死

一八七七年の二月、アゼリは生涯をとおして心の支えであった姉マリー゠ルイズを失う。アマンの寄宿学校で姪たちのすぐれた教育者でもあったこの修道女は、聖徳の香りを残し四七歳で生涯を閉じたのである。この三か月前、すでに癌の宣告を受けていながら働き続けていたマルタン夫人にとって、姉の死は耐えがたい試練であった。この時から病状は急激に悪化していく。残される娘たちの身だけが案じられ、弟のイジドルと義妹に五人の後見をゆだねるのであった。最後の二年間、マルタン夫人はおそろしい激痛と衰弱と戦いながら、主婦として母として、また企業家としての務めを遂行した。特別の看護を退け、夜間はうめき声を家人に聞かれまいとして、一人離れた部屋に休む。半死半生の状態でありながら、早朝のミサを欠かそうとしない。夫や娘たちのいたわりも、母親の自分自身に対する厳しさを和らげることはできなかった。愛する家族と弟夫婦に見守られて、やすらかに息を引きとったのは、一八七七年八月二八日の早朝である。

その日が明けると、父親は四歳六か月のテレーズを腕に抱き、「さあ、ママに最後の接吻をしておあげ」と言った。「私は何も言わずに、最愛のお母さまの額に唇をつけました。」テレーズはあまり泣かなかった。だれもかれもが忙しく立ち働き、末の子にかまってくれる者はだれもいなかったから、テレーズはたった一人で柩の置いてある部屋にしのび込み、じっと柩をみつめて時を過ごした。「なんだかとても大きく、とてももの悲しく見えました。」この体験は、テレーズの内心に深い感動を呼び起こした。

「心の奥底で感じていたことは、だれにも打ち明けませんでした。だまって見たり、聞いたりしていたのです。」

後にテレーズは、母の死をもって人生の第一部が閉じられたことを痛感する。

「ああ、光をいっぱい浴びたあの幼い頃の年月は、なんと早く過ぎ去ってしまったことでしょう。」（『原稿A』）

人生の第二期

「もっともつらい時期」

妻を亡くしたルイは五四歳である。ゲラン夫妻の親切な申し出に応えて、残された娘たちの身を思い、リジュに転居する決意をした。一八七七年の晩秋、涙ながらに最後の墓参りをすませると、思い出のアランソンをあとにする。汽車で四時間、リジュの家は町を見下ろす丘の傾斜にあった。広い芝生、果樹園と菜園のある別荘ふうのブイソネ荘と呼ばれるこの家で、一七歳のマリーはセリーヌの母代わりとなり、一六歳のポリーヌはテレーズの「小さいママ」となって、妹たちの養育にあたり、家事一切をきりもりする役割を担うことになった。

ポリーヌは亡き母の精神に沿って、妹の教育にあたる。当時の西欧で行われていた良家に共通の伝統的な畏敬と思いやり、自制と適応、行動の確実さ、そして優雅、品位を育成する教育である。テレーズはかつて母にしたように、無条件の愛に根ざす無条件の信頼をもって姉に応えた。「テレーズが私に従わなかったことは、ただの一度もありません。どんな小さいことでも私の許可を求め、それを拒むと時には涙を流しましたが、我意を通そうとせず、いつも私の言うとおりにしました。」

ブイソネ荘　リジュ

ポリーヌは一度決めたことは決して変えなかったし、テレーズが父親と連れだって散歩に出るのさえ、許可を願うことを求めた。

愛情深い父はますます優しくなり、テレーズを「私の女王」と呼べば、テレーズは「私の王さま」と呼んで、敬い愛する。幸せな一家団欒《だんらん》のなかで、母の死による内面のかげりがテレーズのうちに広がっていることに気づく者は、一人もいない。

「ママが亡くなられてから、私の明るい性格はすっかり変わってしまいました。あんなに活発で、思うことはなんでも外に表していた私が、内気でおとなしい、極端なまでに感じやすい子どもになってしまいました。」だれかの視線を感じただけで、もう涙があふれる。他の人からかまわれるのがいやで、家族以外の人と打ちとけることは耐えがたく、つらい。レオニーは一四歳になっていて修道会経営の寄宿学校に入っていたし、仲よしのセリーヌは通学生で日中は留守であった。アランソンの家が街路に面していた上、レース職人や客の出入りで賑わってい

8 歳のテレーズと姉セリーヌ
1881 年

たのに対して、母のいない広い家、小さな森はテレーズの孤独を深めるばかりである。

五歳から一四歳までのこの時期は、テレーズにとって「人生のもっともつらい時」となった。

神秘的なできごと

ある夏の午後、テレーズは一人で庭に面した窓際に座り、輝く夏の自然界を眺めながら、思い出に耽っていた。すると突然、父とそっくりな人が背中をかがめ、頭をエプロンのようなもので覆って庭づたいに歩いていくのを見た。身なりから背丈から歩き方まで父と寸分違わぬその人は、マルタンと同じ帽子を手にしてゆっくり歩を運ぶと、垣根の裏に姿を消したのである。テレーズは恐怖に襲われ、ふるえながら大声で叫んだ。「パパ！　パパ！」ただならぬ声を耳にして、隣室にいたマリーとポリーヌが馳せつけ、三人で林のなかを探し回ったが、だれの姿もない。父はアランソンに出かけていて、不在であった。姉たちは妹を安心させようと努めたが、この不思議な光景は終生テレーズの頭から消えることはなかった。姉妹たちがこの幻影の意味を悟るには、この日から一四年間待たなければならない。

テレーズの絵　母方の祖母の家を描いたもの

学校生活

テレーズは八歳になった秋、リジュにあるベネディクト修道会経営の学校に入学した。姉のセリーヌ、従姉妹のジャンヌとマリー、テレーズの四人が連れだって一キロ半の道程を徒歩で通学する。ところが、入学の日に始まるこの五年間が、テレーズの一生の「いちばん悲しみに満ちた年月」となるのである。当時の教師の一人が語った言葉は意味深い。「テレーズは従順で細かい点まで守っていました。過ちと言えないことにまで心を痛め、小心だったようです。いつも穏やかで、瞑想的で、ときには深く考え込んでいるようえに見えました。表情にはかすかな悲しみが漂っていました。」

当時、フランスの学校の組分けは年齢別ではなく、生徒の学力別でなされていた。テレーズは学級の最年少者であり、生来利発な上、すでに姉たちからねんごろな教育を受けていたので、苦手な正書法と算数を除けば、つねに首席である。テレーズが、ただちに妬みの対象となったことは想像にかたくない。さらに、テレーズは学齢に達するまで家族の温かい愛情に包まれて成長した。厳しい躾と教育を受けたにもかかわらず、過度の感受性は外部からのあらあらしい風をまともに受けて立つことができなかったのである。行儀の悪さ、品のない言葉づかい、意地悪、腕力に訴える粗暴さ、これらのすべてはテレーズにとって重い試練となった。

他方、ほかの生徒たちにとっては気の弱そうな運動下手なこの仲間、学業にかけては抜群で、教師たちから賞賛されどおしの貴族的なこの少女が、はなもちならぬ存在となる。そこで、あらゆるいやがらせ、いじめ、蔑みが集中的にテレーズに襲いかかった。

セリーヌのほうはいかにも健康な子どもらしく、学校の環境にすんなりと入っていった。妹がいじめられているのを見ると、飛んできて守るのはセリーヌの役である。長い一日が終わって家族の団欒に迎えられると、テレーズはうれしそうに学校で褒められたこと、よい点数をとったことなどを父親たちに話したが、つらく苦しいことは固く口を閉ざして語らなかった。愛する者たちに負担をかけまいとする思いやりと、学校で受ける傷の痛みと屈辱を神へのささげものとしたい願いから、沈黙を選んだのである。自分が訴えれば、加害者である生徒たちが罰を受けるであろう。そのような仕返しを、真に高貴な心の持ち主は望まないことをテレーズは知っていたのである。

しかし、連日の二重生活による緊張が、感受性に富む子どもにとって耐えがたい苦痛となったことは、容易に察しがつく。テレーズはやがて、心理的な危機にまで追い込まれる。

「小さいママ」ポリーヌの入会

一八八二年の一〇月、テレーズの愛する「小さいママ」ポリーヌがカルメル修道会に入会することとなった。これについては、すでに母の在世中家族の話題にのぼっていたが、それがついに現実となるにおよんで、テレーズは「死ぬほどにつらい」別離の悲しみを味わう。もし、小さい妹がその頃ただ一人で心のうちに秘め、耐えていた苦しみをポリーヌが知っていたら、危険をいちはやく察して入会を延期していたかもしれない。テレーズはまだ、カルメル会がどんなところであるかを知らない。しかし、ポリーヌが自分から離れてしまうこと、第二の母を失ってしまうことだけは確かであった。テレーズは「にがい涙」を流した。

ところで、ポリーヌからカルメルの生活を聞いたテレーズは、一つの確信を持つようになる。「自分もカルメルという砂漠に隠れることを、神は望んでおられる」と。しかし、誤解してはならない。この日から一三年後、テレーズは自分の動機を明らかにしているからである。

「私がカルメル修道院に行きたかったのは、ポリーヌといっしょに暮らすためではなく、ひとえにイエス様のためだけでした。消えて行く夢ではなく、神様ご自身の呼びかけに基づく確信でした。」

テレーズはこの秘密をポリーヌだけに打ち明けると、自ら修道院に出向いて院長に望みを語り入会を願った。院長は熱心に耳を傾けたが、もとより九歳の志願者を受け入れることはできない。

この後、家族そろってポリーヌを訪問する日は、テレーズにとって涙の日となった。二重の鉄格子ごしにポリーヌを眺めながら、家族や叔母のあいだに座り、黙って会話を聞いているだけで、規則の三〇分はたちまち過ぎてしまう。幼い妹には、最後の三分間しか与えられないのであった。テレーズは死んだ母を思い、離れてしまった姉を思って、孤独感に襲われ絶望の淵に立たされた。二か月後には激しい頭痛に悩まされ、全身に湿疹ができて不眠の夜が続く。人が変わったようにマリーに口答えをし、セリーヌと仲違いもする。それでもなお、テレーズの内面を引き裂いた傷に気づく者はいなかった。

不思議な病気

一八八三年の復活祭の休暇に、マルタンは上の二人の娘を伴ってパリに旅し、セリーヌとテレーズはゲラン家にあずけられた。歓迎されて喜んだのも束の間、従姉妹のマリーが口にした一語がテレーズの心の傷を開く。優しい叔母ゲラン夫人をテレーズが「ママ」と呼んだとき、マリーが叫んだのである。「私のママよ。あなたのママじゃないわ。あなたのママはもう、いないじゃないの。」

もう一つの出来事が、これに加わる。復活祭の夜、叔父のイジドルが自分の部屋にテレーズを連れていくと、なつかしい亡き姉アゼリの思い出話を始めたのである。幼い姪を慰める気持ちもあった。ところが、この親切は逆効果を生んだ。ポリーヌから置き去りにされた悲しみと、孤独感にさいなまれていたテレーズのうちに、亡き母のすべてを蘇らせ、その全身全霊を打ちのめしたのであ

ほほえみの聖母

る。テレーズは激しく泣きだした。やっと涙がおさまると、悪寒と頭痛と痙攣《けいれん》の発作がテレーズを襲う。急ぎパリから呼び戻された父親と姉たちは、テレーズの変わりように仰天した。

そうこうするうちに、四月六日が訪れる。ポリーヌが志願期を終えて修道服を受ける着衣式のこの朝、テレーズはもう治ったと主張して起きあがってしまう。カルメル修道院を訪れ、美しい花嫁衣装に身を包んだ愛するポリーヌの膝に抱かれて、喜びにあふれ、もう病気は全快したかに見えた。しかし、ブイソネに戻った翌日、病状は再び悪化した。極度におびえて泣き叫び、ひきつけ、うわ言を口走り、手足をねじまげてベッドから飛びあがり、失神する。幻覚症状が現れ、家族の顔すら見分けることができない有様である。

このあわれな姿を前にして、だれもが、今や神に寄りすがる以外に道はないと思う。悲嘆にくれた父親は、パリの「勝利の女王マリア」に捧げられた大聖堂の司祭に、愛する末娘の回復を願い、九日間のミサを依頼した。

聖母のほほえみ

五月一三日、聖霊降臨の祭日がめぐってくる。いつものように「ママ！　ママ！」と叫ぶテレーズの声を聞きつけて、マリーが部屋に駆けつけ、手を尽くしてなだめながら、自分が側にいることをわからせようとしたが、無駄であった。そのとき、マリーはセリーヌとレオニーを促して聖母像の前に跪《ひざまず》くと、ただひたすらに祈り始めた。すると、狂乱状態に陥っていたテレーズが「われにかえり」、うつろな目で聖母像をみつめながら、姉たちの祈りに心を合わせたのである。

「突然、聖母マリアのご像が美しく、美しくなりました。そのお顔にはえもいわれぬ愛情と優しさが漂っておりましたが、私の魂の奥底までしみとおったのは、そのうっとりとするほど美しいほほえみでした。私のすべての苦しみは消え去り、両瞼から大粒の涙があふれて、静かにほほをつたわりました。ああ、それは、なんのまじりけもない涙でした。」（『原稿A』）

これを目撃したマリーとレオニーは、テレーズの身に何か自然を超える力が働いたことを信じた。セリーヌのほうは、聖母像に注がれている妹のまなざしから、テレーズが「聖母マリアを見た」ことを、なんの疑いもはさまずに信じた。だから、このことについて妹にあえて尋ねる必要を感じなかった、と後に語っている。しかし、母代わりの長女はテレーズと二人だけになったとき、どんな体験をしたかを話すように頼んだ。妹の恍惚としたこの世ならぬ表情から、聖母を見たと直感したが、これを本人の口から確かめたかったのである。しかも、この「奇跡」をカルメル会の修道女たちに語り聞かせたので、テレーズの喜びに不安が大きな影を落とし始めた。一瞬にして癒されたという事実を信じながら、テレーズが仮病をよそおって周囲の関心を集めようとした、と疑われてもしかたがない。さらに、想像を現実と偽って語ったとも考えられる。
テレーズがこのような不安から解放され、真に聖母が癒してくださったとの平安をえるまでには、五年の歳月を要するのである。

アランソンでの夏休み

記念すべき恵みの日の翌日から、テレーズは早くも通常の生活に戻った。しかし、用心のために通学は当分免除され、夏休みに入るとアランソンで二週間を過ごすことになった。六年ぶりに訪れるなつかしいふるさと。テレーズの心には、何一つ欠けることのなかった幼年時代の思い出が蘇ってくる。

母の墓参りをすませると、父の知人の家を次々に訪問した。ブロンドの長い巻き髪の青い美しい目をした一〇歳六か月の優雅な少女は、いたるところで歓迎され、可愛がられ、ほめそやされた。テレーズの周囲をとりかこむのはみな、広大な庭園のなかに邸宅を構え、裕福な生活を楽しむ階級の人たちばかりである。華やかで開放的な日々はテレーズを驚かせ、喜ばせた。テレーズは自分が望みさえすれば、アランソンの少女たちのように何不自由ない生活を楽しむことができるし、ふつうの少女が辿る道を歩むのを妨げる者はだれもいないと感じる。テレーズ自身の言葉をかりれば、「花のまき散らされたこの一五日間は、正直に言って魅力あるもの」であった。しかし、テレーズはこの道を選ばなかったのである。

「おそらく、イエス様は初めて私の心にお入りになる（初聖体拝領を指す）前に、私がこの世を知ることを望まれたのでしょう。私が全く自由に、イエス様について行く道を選べるように。」

こう考えたテレーズは、ふるさとでいかにも楽しげに、喜々としてふるまいながら、姉妹に先がけてポリーヌが選びとった貧しいカルメル修道院の生活を、片時も忘れることはなかった。

復学と内面の危機

一八八三年の一〇月、テレーズは再び修道会の学校に通い始める。成績は相変わらず首席であったが、級友とは交わらず、孤独で、些細なことにも涙ぐんだ。担任の修道女は、「この子どもの表情に浮かんでいる寂しさには、いつも驚かされました」と語っている。ゲラン夫妻は、内気で自分のほうからほとんど話そうとしないこの姪を、善良でおとなしい「おばかさん」、正しい判断力はあるが、不器用で才能に恵まれない子どもと見なしていた。テレーズは他の人からの賞賛に敏感であったから、このような評価をつらく感じる。しかし、何も弁解せず、かえってこれをイエスからの恵みと思い、自分は頭のよくない子どもなのだ、と諦めるようになってしまう。

こうして、テレーズの内向性はいっそう深まっていった。これに呼応して、「第二の悩み」がテレーズを苛《さいな》み始めたのである。宗教的に早熟な子どもは、概して良心の呵責《かしゃく》に苦しめられるが、テレーズとて例外ではなかった。ありふれた考えや行為もすべて心配のもととなり、残らずマリーに打ち明けなければ安心できない。叔母から淡い青色の美しいリボンが贈られて大喜びしたときも、すぐに、虚栄の罪を犯したと悩み、自責の念に打ちひしがれるのである。

当時、テレーズの教育にあたっていたマリーは、妹の宗教的な早熟の危険にいち早く気づき、小心の治療を見事にやってのけた。学校でのテレーズは休み時間に生徒たちが遊び興じているあいだ、木に寄りかかって物思いに耽り、自分が創作した話を生徒に語り聞かせたりしている。家に帰れば自室に閉じこもって勉強するか、好きな読書に没頭して時間を忘れてしまう。家事の手伝いには手をだすことがない。部屋に飾ってある花を取りかえることすらしないのである。こうした妹に、マリーは温かいが断乎とした態度で臨んだ。

テレーズがこの危機を無事に通過できたのは、マリーに対する完全な従順によってである。レオニーとセリーヌによれば、この時期のテレーズは心身の苦痛に苛まれていながら、決して反抗的にならなかった。涙を流しながらも、言いつけに逆ったり、陰で不満を洩らしたりはしない。時々ひどく悲しげな表情を見せることはあったが、悲しみを訴えようとはしなかった。冬になると、虚弱なテレーズはきまって高熱を発し、気管支炎をおこす。呼吸困難を伴うことがあっても、日課は不平一つこぼさずに果たし、少しでも回復すれば直ちに、なすべきことに取りくんだ。「些細なことにおいてすら、一瞬も自制を失うことはなかった」(『原稿A』)のである。

そうこうするうち、セリーヌが卒業した。従姉妹のマリー＝ゲランは健康を害して、休学している。テレーズは一人で通学するのに耐えられない。一八八五年の一〇月に新学期が始まるとテレーズは頭痛に悩まされ、心身ともに「病気」になってしまう。父親は翌年、一三歳になったテレーズを学業半ばで家に引きとり、パピー夫人のもとに通わせて教育の仕上げをしてもらうことにした。

孤独のなかで

それから一年たつと、こんどは長姉のマリーがリジュのカルメル会に入会する。ポリーヌが去ってからの四年間、テレーズにとってマリーは唯一のなくてはならぬ支えであった。家族のなかで、マリーに代わりうるものはだれもいない。父親は長女を「私のダイヤモンド」と呼んで愛していたが、別離の悲しみを顔には表さなかった。

さらに、レオニーが、クララ修道会に入会することになった。父親の側に残るのは、下の二人の娘だけである。家事は一七歳のセリーヌに任せられたが、ブイソネの温かい雰囲気は風前のともしびとなった。セリーヌは芯の強い娘で、テレーズとは無二の仲である。しかし、妹をどう扱ってよいのかわからない。テレーズは再び、孤独のなかで避難所と導きの手を失う。

そのとき、テレーズは天国に目を向け、心を打ち明けていたマリーの代わりに、天折《ようせつ》した四人の兄・姉を友、保護者として選んだのである。テレーズは無邪気に彼らに語りかけ、末の子である自分が地上で愛されているばかりではなく、天国でも愛されていることを悟った。だからといって、テレーズの小心が癒されたわけではない。極度に感じやすく、だれかの心を痛めたと思っただけで泣き、このように弱い自分を認めたあとは、泣いたことを耐えがたく思ってまた泣くのである。にもかかわらず、不思議なことに、この少女はカルメル修道会の生活への憧れを、放棄しなかった。

カルメル会の創立者であるアビラの聖テレサは強靱な心の志願者を求めていたから、リジュの修道院とて条件は同じである。どの修道会であっても、中途半端な意志で続けられるものではない。その身近な例であるが、現にレオニーが、クララ会の修道院でわずか七週間過ごしただけで湿疹《しっしん》に悩まされ、ある日、突然ブイソネに帰ってきてしまった。テレーズは自分のために、ただ天国からの助けを願うほかに道はないことを痛感する。

奇跡的回心

一八八六年のクリスマス、家族四人がカテドラルで深夜の荘厳ミサにあずかって帰宅したときのこと、父親はテレーズのために用意された贈物の靴を見て、セリーヌにささやく。「やれやれ、ありがたいことに、これも今年が最後だ。」マルタンは今まで、末娘が靴のなかから贈物を取りだして歓声をあげるのを喜んでいたが、テレーズはもう一四歳にもなっている。いまさら子どもじみた真似でもあるまいと思ったのであろう。ちょうど、階段を上がりかけていたテレーズの耳にこの声が届いた。みるみるうちに涙があふれたが、不思議なことにテレーズはそのとき、自分が全く変わってしまったことを感じる。

涙を拭き、いそいそと父親の前に行くと、さもうれしげに頬を輝かせて贈物を取りだし始めた。父親はたのしげに笑い、セリーヌはただあっけにとられて、妹の変わりようにわが目を疑う。「私が一〇年かかってできなかったことを、イエス様は一瞬のうちに成し遂げてくださいました」と、テレーズは告白している。

たしかに、感動的なこの「奇跡」は突然であり、しかも決定的であった。一〇年にわたる辛苦と重荷が取り去られ、病的なほどの感受性は癒された。テレーズはもう、めったに泣かないであろう。神の恵みによってテレーズは真に自分自身になったのである。テレーズを「一瞬のうちに」勝利に導かれたのは、自ら弱く小さなみどり児となってこの世に来られた救い主イエスにほかならない。この夜はまさにテレーズの幼年期の終幕であり、生涯の最も幸せな第三期の開幕でもあった。

13歳のテレーズ　1886年2月

黎明の訪れ

人知れず捧げられてきたテレーズのかずかずの努力は、何ものにも動じない意志の力に結晶する。このときから、テレーズはつねに快活で、自我を没却し、単純で無邪気であった。レオニーは、「テレーズがいつも朗らかで、同じ機嫌を保っているのはあたりまえで、ごく自然に見えた」と語っている。ずっと後になって、テレーズの打ち明け話を聞いた人は驚いたであろう。「私は毎日、自我と戦わねばなりませんでした。一生涯中、毎日、毎日。」

クリスマス以来、テレーズには幼年時代の気質が蘇り、活発に何かをやろうという気迫に燃え、外向的になっていた。そのようなとき、大事と小事とを問わず無条件に周囲の意志に従い、不都合を堪え忍ぶのは容易なことではない。しかし、この不断の自己克服はテレーズの生涯にわたって続けられる。

さらに、優しさとほほえみがテレーズの特徴となった。「クリスマスの夜、自分自身から解放されたとき、心に愛が注がれ、人を喜ばせるために自分を忘れずにはいられなくなった」のである。テレーズの言葉がいかに真実であるかを証言できたのは、レオニーであった。

「テレーズは人を恥ずかしがらせたり、悲しませたりしないように、細心の注意を払っていました。私は当時、二三歳にもなっていながら勉強が不得意で、オルトグラフ（正書法）をはじめ、他の科目もかなり遅れていました。テレーズは私より一〇歳も年下でしたが、この遅れを補うために、たいへんな努力を傾けてくれました。私に恥ずかしい思いをさせずに、これほどの骨折りを続け、忍耐の限りを尽くした妹に感嘆するほかはありません。」

使用人たちもテレーズが大好きだったのは、「テレーズの心からあふれでるものが、すべて平和であり、善であり、愛であったから」と、言っている。

神のみを求めて

神の愛にとらえられる

テレーズは神に心をとらえられていた。すべてが相対化され、神の愛という一点に向かって秩序づけられる。人生に目覚めたテレーズの唯一の導き手は、父である神のみ子イエスであって、他の案内者を必要としない。しかも、イエスが愛を悟らせるのは「知恵のある者や賢い者ではなく、幼子のような者」（マタイ11・25）にあることを、テレーズは確信するにいたった。

「私が小さい弱い者であったからこそ、主は私の上にあわれみを輝かせたいと望まれ、おん身をかがめて、ご自分の愛に関する事柄をひそかに教えてくださったのです。ああ、もし学問に生涯を捧げた学者たちが私のところに来たとしたら、わずか一四歳の子どもが、彼らの博学も発見できなかった秘密を悟っているのを見て、きっと驚いたことでしょう。この秘密を知るには、心の貧しいものでなければなりませんから。」（『原稿A』）

一八八七年の春、テレーズは父がカルメル会から借りてきたアベ＝アルマンジョンの著作を手にした。『世の未来といのちの秘密について』と題するこの書は、テレーズにとって「生涯中に受けた大きな恵みの一つ」となる。

「この印象はあまりにも心の深いところに刻まれ、また、あまりにも甘美なので、とても言葉に表すことはできません。宗教上のすべての偉大な真理や永遠についての神秘は、私をこの地上のものではない幸福のなかに沈めました。私はすでに、愛する人々に約束されたものを心の目で予感したのです。そして、永遠の報いが、この世のわずかな犠牲とはとうてい比べものにならないほど大きいのを見て、イエス様を愛しぬき、また、できるうちにありとあらゆる愛のしるしをお捧げしたいと思いました。」（『原稿A』）

姉セリーヌとともに

あの夜から、四歳年長のセリーヌがテレーズのかけがえない友となった。

二人を血のつながりよりももっと強い絆で結んだのは、イエス自身であることを感じる。二人は毎晩物見台に立って、大きな木立ちのうしろから静かにのぼる白く冴えた月を眺めながら、こころゆくまで魂を開き語り合うのであった。

「私たちは偉大な聖人がたに与えられるような高い段階の恵みをいただいていたように思います。主は影や形の下に優しく隠れて、私たちにご自分を現されたのですが、それでも私たちの目にイエス様を隠していた覆いは、なんと薄く透きとおっていたのでしょう。もはや、信仰と希望さえ、必要ではありませんでした。私たちが探し求めていたお方を、愛がこの地上に見いださせてくださったからです。」(『原稿A』)

当時を思い出して、テレーズは十字架のヨハネの詩『ある暗い夜』を引用している。

私の心に輝いている光のほか
私は道しるべも　光も持たなかった
だが　この光は真昼の光よりも確かに
私を導いていった
私を知り尽くしておられるあの方が
待っておられるところへ

召　命

イエスがテレーズを待っているところ、それはカルメル会であるとテレーズは確信を抱くようになる。ある日曜日、十字架に釘づけにされたキリストの聖画を眺めていたテレーズは、突然かつて覚えなかった激しい熱望が心のうちに燃えあがるのを感じた。主がいのちをかけて救われたすべての人を助けたい。すべての人がイエスを信じ、約束された終わりのないいのちを望み、神と人を愛して幸せになれるように。そのために、自分の生涯を神に奉献したいと、テレーズは切に願う。

テレーズが内心に感じた熱意を実現できる修道生活の様式は多様である。教育、病人の看護、転落した少女たちの更生、家族から見捨てられた子どもたちの養護など、当時のフランスには各種の社会的要請に応えて創立された修道会が、幾つもあった。いずれも魅力的ではあったが、テレーズはカルメル会以外に望みを持たない。愛するポリーヌが入会することを知った七歳のときから、カルメル会への憧れはテレーズの心に深く根を下ろしていたのである。「厳しい生活の単調さのなかで、自分の祈りと労苦の実りを見ることなしに生涯を捧げ尽くすカルメル会」を、先達にならってテレーズは「砂漠」と呼ぶ。

旧約時代、神はイスラエルの民をエジプトにおける奴隷の状態から解放して、約束の地へ導きだされた。彼らがモーセを先導に砂漠を横断したとき、あまりの辛さに耐えられず、脱出してきた国の安定した生活を想い、未来の不確かさを呟いたことが聖書に記されている。砂漠はそこを行く人に何をもたらし、どのような結末に導くのかはわからない。この意味で、カルメル会での生活は砂漠なのである。ここでは何ものにも心を煩わされず、この世から砂漠に招き入れられた神のみを信じ、ひたすら自分を与え尽くす献身のみが求められる。テレーズは「砂漠」の厳しさを、全身全霊をもって受けとめたいと望んだ。

修道生活

修道生活への第一歩は、一人ひとりをかけがえのない者として慈しむ神の招きに始まる。この選びの愛に応え、自由に、自ら進んで生涯を神に奉献する者は、イエス＝キリストにおいて神に聖別され、神に独占された者となる。

今世紀の著名な神学者カール＝ラーナーは修道者を、高い屋根の上に止まっている純白の鳩に心を奪われ、手中の雀を手放した人にたとえた。鳩は絶対の価値キリスト、雀は相対的価値、つまり貞潔、清貧、従順の三誓願によって自ら放棄する結婚生活、富の所有と自由意志を象徴する。後者はそれ自体価値あるものであるが、鳩に心を奪われた者にとっては、まさに相対的価値にすぎない。信仰の目で鳩をみつめ、愛し、完全に一つとなる時を希望し、世のものから解放された空の手で、ひたむきに登り続ける。これが、修道者の姿である。

修道会は各時代に、時のしるしに呼応して創立された。三誓願を実践する生活様式は多様であるが、教会が認可したそれぞれの会憲・会則に則して共同体を形造っている。生まれも育ちも教養も固有の人たちが、相互に愛し合いながらキリストにおける一致を世に証ししていく、この使命は修道共同体にとって、もっとも重い責任の一つであろう。

カルメル修道会の歴史

テレーズが招かれている、と信じたカルメル会の歴史は古い。正確には「カルメル山の聖母の修道会」と呼称されるこの会が、師父と仰ぐのが預言者エリヤである。旧約聖書に登場する偉大な預言者エリヤは、カルメル山の洞窟に立てこもって、異教の神バアルを奉じる者たちとの戦いに臨んだ（列王記上18章）。この洞窟と岩の割れ目に、古代キリスト教会の時代、世を逃れて神を求める隠修士たちが移り住んだと言われる。六世紀には、この聖なる土地に修道院が建った。一三世紀になると、修道者たちは教皇ホノリウス二世によって承認された会則を守って生活していたことが記録されている。

十字軍の時代、カルメル会は発祥の地でイスラム教徒によって根絶され、最初の修道院が破壊されたばかりではなく、修道者の多くは殉教した。この間、西欧諸国で創設された修道会は成長していったが、わけても一六世紀、スペインのアビラでは後に聖女の位に挙げられるテレサが女子カルメル会の刷新に成功している。十字架の聖ヨハネは、弛緩して根源を忘れていた男子カルメル会に「砂漠」のいぶきを吹き込んだ。

カルメル会では、世から隔離された閉域内で生活し、生涯外にでることなく、外部からの訪問と手紙の往復も最少限度に限られている。テレーズは二人の姉の生活から、会則の厳しさも、衣食住の貧しさも知っていた。一五歳でこのような修道会に入るには、周囲からの反対や試練に遭うことは目に見えている。それでも、テレーズは屈しなかった。

「神様の招きはあまりにも強く私に迫りましたから、イエス様に忠実であるために、もし必要なら火の中をくぐることさえしたでしょう。」

この言葉どおり、テレーズがカルメル会を熱望したのは、世から逃避するためではなく、なつかしい姉たちと生活をともにするためでもなく、あまりにも明らかな神の招きに応えたいとの純粋な望み以外の何ものでもなかった。

家族のあとおし

入会するまでには、父の承諾をえなければならない。すでに、ポリーヌとマリーをカルメル会に送りだし、老いて気力を失いつつあったマルタンが、こんどは、愛する「小さな女王」の打ち明け話をブイソネ荘の庭で聞いたのであった。二人とも涙を流した。「そのような重大な決心をするには若すぎる」と、父親は言ったが、テレーズが熱心に語るのを聞いて納得し、最後には、「神様がこのようにして私の娘たちを求められるのは、親にとって大きな光栄である」と言うのであった。

この日から半年後、テレーズの望みを耳にした叔父のイジドルは断乎反対の意を表した。とにかく若すぎる、というのである。しかし、判断力に富むポリーヌが、妹の決心は出来心ではなく、神からのものであると確信していることを知って、考えを変えた。

ところが、カルメル会の指導司祭ドラトロエットが強硬に反対し、二一歳になるまでは入会の許可を与えることはできないと公言した。こうなっては、司教の許可をもらうほかに手はない。父親はテレーズを慰めるために、バイユの司教のもとに伴うことにした。テレーズは少しでも年上に見られるようにと、肩に垂れる金髪の長い巻き毛を頭の上に高く巻き上げ、純白の服をつけた。このときの写真に見られるテレーズの表情は感動的である。司教は、自分の末娘を神に奉献したいという父親の願いにいたく心を動かされたが、ドラトロエット神父に相談して返事をしたいと答えた。

テレーズに残されているのは、時の教皇レオ一三世に直接請願する手立てだけである。マルタンは二人の娘を同伴し、ローマへの巡礼団に加わる。一一月二日、テレーズは並いる巡礼者の視線を浴びながら教皇の前に進みでて跪くと、涙ながらに「一五歳でカルメル会に入会する許可」を哀願した。しかし、教皇が深いまなざしをテレーズに注ぎながら答えた言葉は、一抹の希望を残したにとどまる。

「目上の言うとおりになさい。神様のお望みなら、きっと入会できますよ。」

カルメル会入会直前のテレーズ　1884年4月，14歳。バイユの司教を訪問した時と同じ髪型である。

入会の日を待ちながら

元日、テレーズが一五歳の誕生日を迎える前日に、思いがけず司教の許可がカルメルの院長のもとに届いた。しかし、間もなく復活祭に備える四〇日の準備期間に入る。姉のポリーヌにとって、虚弱体質のテレーズが入会するなり四旬節の断食や、厳しい苦行に服するのは想像するだに耐えがたい。ポリーヌの願いがかない、テレーズの入会は復活祭後に延期されてしまう。

テレーズは期待がはずれて悲しんだが、ブイソネ荘での最後の日々を有益に過ごそうとした。一か月にわたるローマ旅行で発見したものは大きい。大自然のたとえようもない壮大な美、社会環境の相違、貴族のなかに入って旅を楽しみながら、人間の偉大さは名誉や肩書きにではなく、心にあることを悟った恵み。さらにテレーズは、まだ内気だと信じていた自分が、ものおじせずにのびのびとふるまい、少女らしい美しさが人々の関心を引いたことを思いだした。結婚の道が前途に開けたとしても、不思議ではない。

以前、ポリーヌと結婚について話し合ったとき、テレーズは「植物と鳥を観察していて、だれからも教えられずに、生命の繁殖について明確な知識をえた」と、打ち明けたことがある。当時、若い娘たちにとって迷信的タブーであった性について、テレーズは無知であるどころか、実にすこやかな考えを抱いていたのである。

「このようなことを知るのは、何も悪いことではありません。結婚は、その道に召された人たちにとってはとても美しいことです。それをゆがめ、みにくいものにするのは、罪だけです。」

テレーズは、夢や憧れを抱いてカルメル会に入ったのではなかった。現実的な感覚の持ち主であったから、錯覚にまどわされることはなかったのである。「人間に供されているどのようなすばらしいことも、私の心を奪った神様から私を引き離すことはできない。」これが、カルメル会への入

マルタン家の居間

会を前にしたテレーズの心境であった。

「私の心は喜びにあふれています」

一八八八年四月八日、入会を明日に控えて家族水入らずの夕食につく。父と姉たち、叔父夫婦と二人の従姉妹、みながこの上なく愛深い言葉をかけて、こまやかな心遣いを示せば示すほど、テレーズの心は引き裂かれるような悲しみを味わう。

翌朝、一〇年間を過ごした思い出のブイソネ荘をあとに、家族そろってカルメル修道院のミサにあずかった。泣かないのはテレーズ一人だけであったが、「経験したものでなければ、この思いがどのようなものであるかは、決してわからないであろう。」

ミサが終わると、二重の扉のついた修道院の入り口でテレーズは父親の前に跪き、涙ながらに祝福を受けた。やがて、おもむろに内部の扉が開き、志願者を迎える修道女たちの姿が見えたとき、突然、司式者ドラトロエット神父のひややかな声が響きわたったのである。

「では、修道女のみなさん、主に感謝の賛歌を歌ってください。みなさんが入会させることを望まれた一五歳の少女を、司教に代わって紹介いたします。期待はずれがないように祈ります。しかし、念のために申しあげておきますが、もしテレーズ＝マルタンがみなさんの期待に応えなかった場合、その責任はみなさんだけにあるのです。」

この声を背に、落ちついて閉域内に足を踏み入れたテレーズの背後で、重い扉が閉まる。まず、マリー＝ド＝ゴンザグ院長がテレーズを聖堂に案内し、それから二階の修室に伴った。横二・一〇、奥行き三・七〇メートルの質素な部屋、むきだしの床には褐色の粗い毛布でおおわれたベッド、背もたれのない小さな木の腰かけ、石油ランプ、砂時計、白い壁には木の十字架。これが、すべてである。志願者は深い平和と喜びを感じて、心に深く繰り返す。

「いつまでも、私はここにいます。」

この翌日、ルイ＝マルタンは友人に手紙を書いた。

「昨日、私の小さな女王はカルメルに入会しました。神様だけが、このような犠牲を私にお求めになることができます。しかし、神様は私を支えてくださるので、私の心は喜びにあふれています。」

II　信頼とゆだねの道

無の体験

リジュのカルメル会

アビラのテレサが改革したカルメル修道会は、教会のなかで最も厳しい修道会の一つに数えられている。にもかかわらず、テレサは自分のためにも会員のためにも自由を要求した。あらゆる強制的な束縛、あまりにも偏狭な規則は神の働きを妨げ、愛の開花を制限しかねない。テレサは修道会の孤独を守るための環境を明確に規定し、確信をもって、日常生活に規則正しい指針を与えた。この規則が義務を負わせるのは、愛を培い、自我からの解放を目ざすためである。しかし、創立から三〇〇年も過ぎると、良識あるテレサが定めた「愛がすべてに優先する生活」も、本来の道から逸脱してくる。

愛を深める手段であるはずの苦行自体が重視されるようになったのは、その一例である。加えて、当時とくにフランスを風靡《ふうび》したジャンセニズムが、この傾向を極端まで押し進めた。リジュのカルメル会だけが、これを免れるはずはない。

ジャンセニズム（Jansénisme）とは、コルネリウス＝ヤンセン（一五八五～一六三八）が提唱した恩恵論の一つで、ヤンセン主義ともいわれ、フランスでは一七世紀が最盛期であった。ヤンセン派によれば、人間の本性は人祖の罪（原罪）によって完全に堕落し、欲望に引きずられて、真の自由意志を持たない。神は予定した少数の者のみに「勝利を得る恩恵」を与えるが、他の者は永却の罰の状態におかれている。彼らは道徳に関して厳格主義者であり、最高の主である神の厳しさを強調して、神への恐れを信奉者の心に浸透させた。ヤンセン派のいくつかの主張は、一六五三年に教皇インノケンチウス一〇世の教令により、異端説として排斥されている。

一八八八年、テレーズが入会した当時、カルメル会の庭にはいらくさが茂っていた。苦行用の鞭にするためである。熱心な修道女ほど、愛のわざよりも償いと苦行を重んじた。神を審判官のようにみなす危険にさらされていたのである。この傾向は、テレーズを志願者として受け入れた院長マリー＝ド＝ゴンザグに顕著であって、会憲に明記されている以外の苦行を増やしていたことが知られている。

早朝の起床で始まる一日、暖房のない冬の身も凍るような寒気、厳しい沈黙の規則、閉域、共同の祈りと個人の黙想、日に二回の質素な食事、労働、そして短い睡眠時間。あらゆる面で恵まれていた家庭の生活とはまるで違う。これが、テレーズを待っていた生活であった。それに、強烈な個性の持ち主であった院長の指導からくる苦しみが伴う。

院長マリー＝ド＝ゴンザグと志願者テレーズ　当時の院長はマルタン家とは長いつきあいがあり、テレーズを幼い頃から知っていた。入会の問題が現実となったとき、持ち前の意志と役職の権威を盾に、あらゆる慣習と司祭側の反対を無視して、入会を許可したのがこの人である。テレーズはごく自然に、期待と尊敬を抱いて院長のもとにおもむいた。ところが、院長はなぜか入会第一日目から、不可解な厳格さでこの若い志願者に臨んでいる。掃除、針仕事、庭の草取りにいたるまで、非難と叱責の的にならないことは一つもなかった。これが、二人の姉にとって心配の種になったことは容易に察知できる。

ポリーヌはたまりかねて、妹が受ける不当な扱いに介入しようとしたが、失敗に終わった。院長は一瞥《べつ》も与えずに答える。「姉が二人も同じ修道院にいると、こうなるのです。もちろん、テレーズが特別扱いを受けるのをお望みでしょうが、私の考えはまさにその反対です。あの子は第三者が想像しているより、はるかに高慢だからです。」ところが、当のテレーズはこの事実を、ごく控え目にしか語っていない。

「神様は、私がたいそう厳しく扱われることをお望みになりました。けれども、なんというお恵みでしょう。外部の人々が考えていたように、もし修道院の中で『おもちゃ』のようにされていたら、私はどうなったことでしょう。」（『原稿C』、付記参照）

その頃、リジュのカルメル会修道院には二一名ないし二五名の修道女がいた。当修道院の創設にさいして副院長を務め、一同から聖女のようにみなされ慕われていた高齢のジュヌヴィエーヴ修女を除けば、マルタン家の姉妹たちは異彩を放っていた。豊かな天分と行き届いた教育に恵まれ、有能で高い理想の持ち主であったから、おのずと修道女たちの信頼を集めていたのである。このことが、院長の嫉妬心を絶えず刺激していたことを指摘しておかなければならない。

マリー＝ド＝ゴンザグは高貴の家柄の出で、一八六〇年に二六歳でリジュのカルメル会に入会している。気位が高く、威厳があり、豊かな天性と外交的手腕を具えていたので、早くから高い役職に就き、強引な支配力で共同体を統率していた。感情の起伏が激しく、お気に入りを側に置いたかと思うと、たちまち突き放してしまう。競争相手となる者はすべて、激しい嫉妬の的となる。統率者としてのこの不適格性が修道女たちにとっては苦しみのもととなり、本人にとっては修道女としての内面性を深める好機を逸し、謙虚さと、自我からの離脱の妨げとなっていたのである。頑健な体質で、カルメル会の厳しい生活はいささかも苦にならなかったから、規則の一時的緩和を願い出る修道女があっても、ほとんど理解を示さなかった。テレーズが語る「五年間の苦しみの時期」は、ちょうどこの人が院長の任にあった時である。

テレーズと修道女たち

院長の下にいる修道女たちは、二人の姉が三〇代で、少数の四〇代以外は五〇代から八五歳にいたる年齢であった。院内の仕事を受けもつ五人、閉域の外で外部との交渉にあたる受付の二人、修練院には修練長マリー＝デ＝ザンジュと四人の修練女、ほかに、農家出身の修道女たちがいて、おもに労働にたずさわっていた。性格、育ち、受けた教育の相違はもとより、判断力の欠如、教養と良識の乏しさなどは、終生変えられるものではない。ある修道女たちからくる「留め針の刺し傷」（手紙六八）が、テレーズの繊細な感受性を絶えず刺激する。入会して日もまだ浅いうちに、ある修道女たちはお嬢さん育ちのあどけない容貌をしたこの志願者が、手仕事が何もできないと見てとって、「カルメルでは役たたずの人間だ」と、早速院長に告げにいったものである。

セリーヌは修道院に姉を訪ねたとき、面会室でポリーヌから悩みを打ち明けられたことを語っている。「お姉さまは、小さい妹がかまってもらえず、大勢の修道女から違ったことを言われ、こずき回されているのを見るに耐えない、と話されました。」

修道女たちのほとんどは、ポリーヌがマリー＝ド＝ゴンザグ院長のお気に入りの一人であると思っていたが、テレーズの存在が二人の間に緊張関係を生み、やがては微妙ないたましい紛糾の原因となる。素直で全く従順なテレーズに対する院長の異常なまでの厳格さは、ただ嫌いだったという説明があたっているらしい。しかし、この院長が後にテレーズの真価を見抜き、「カルメルの宝」とまで言って、他のだれにも見せない信頼を寄せるようになるのである。

テレーズを迎えた二人の姉

ところで、二人の姉の存在も、志願者のテレーズにとって重荷となったことをつけ加えておかなければならない。二人は末の妹を愛するあまり、家でしていたように扱いたがる。あまりにも気を配りすぎるので、修道女間の摩擦の原因になるのをテレーズはいち早く見てとった。ある日、長姉のマリーに、きっぱりと告げる。

「お世話を感謝いたします。お二人に可愛がっていただくのはうれしいのですが、犠牲をお捧げするほうがもっとよいと思います。ここはブイソネ荘ではありませんから。」

一方、ポリーヌは、もう小さい妹をかまってやらないほうがよいと思う。食堂で当番がいっしょになったとき、必要な会話は許されていたにもかかわらず、テレーズはポリーヌに一言も口をきかなかったのである。このあと、ポリーヌはマリーに、「干渉しないでおきましょう。悶着が起こるのを防ぐために」と、言ったものの、この決心はあまり実行されなかった。

テレーズはイエスのためにのみカルメルに入ったのであって、たまたま姉たちと共に生活するからといって、家族のまどいをここで延長するはずではないことを、はっきりと心得ていた。「私がカルメルに来たのは、ただただイエスさまの招きに答えるためです。姉たちといっしょに生活するためではありません。肉親の姉妹と共に生きることは、絶え間ない苦しみのもとになるに違いないとは、前から予感しておりました」と、書いている。気をゆるせば、この危険に陥らないともかぎらない。テレーズは二人の姉と距離を保ち、自分の責任で修道生活の道を歩いていこうと決心する。

喜びに満たされて修道院の門をくぐったとき、テレーズはすでに自分を待ち受けているものを知っていたのである。「錯覚……神様のお恵みのおかげで、カルメルに入るときそのようなものは一つも持っておりませんでした。修道生活は想像していたとおりで、どのような犠牲にも驚いたことはありません。」これが、わずか一五歳の志願者の言葉である。

父の発病と着衣式

一八八八年の四月二二日、セリーヌは一九歳の誕生日を迎え、求婚をすべて断わって、リジュのカルメル会に入会することを決意する。六月に入って、父にこの望みを打ち明けたのがルイの病いを誘発することとなった。愛する「小さい女王」をカルメルに送りだしてから、まだ二か月しかたっていない。ルイはしばらく前から、高齢者にありがちな記憶喪失やめまいを訴えていたが、この日のあと、忽然と姿を消してしまった。レオニーとセリーヌたちの必死の捜索で、四日目にやっと見つけだしたとき、正気に戻ってはいたものの、隠遁者になって孤独の地に退くのだ、と繰り返すばかりである。

リジュの町には、いち早く噂が流れた。マルタンが発狂するのも当然だ、娘たちが一人残らず父親を置いて厳しい修道会に入ってしまうのだから。その上、寵愛の的であった末娘のテレーズまで、一五歳の若さで家をあとにしたのだ。こうした巷の声はカルメルの囲いのなかにまで反響を呼びおこした。口さがない修道女たちの無遠慮な質問や礼を失する言葉が、マルタン家の姉妹たちにとって苦い屈辱となる。しかし、若い志願者テレーズはこのような状況のさなかで、いささかもくずおれなかった。内面の戦いが顔に表れることもない。

六月のある夜、修練長はテレーズを慰めるために修室を訪れたが、テレーズはこう答える。「たいへん苦しんでおります。でも、これからもっと大きな試練に耐えることができると思います。」

テレーズが志願期を終え、カルメル会の修道服を受ける日が近づいた。マルタンの病状はまだ不安定であったが、一八八九年の一月一〇日、愛する「小さい女王」の着衣式の朝には、何事もなかったかのように修道院を訪れることができた。テレーズは純白の花嫁衣装をまとい、父親の贈物である豪華なアランソン‐レースで飾られたヴェールを被り、叔母が愛情を込めて編んだ百合の冠をつけて、囲いの外に姿を現した。父親と腕を組み、聖堂の中央を祭壇に向かって進んでいく。マルタンは娘たちの危惧をよそに、威厳に満ちていて、一同はこの日ほど「すてきな」父親を見たことがないと、感嘆しきったほどである。

式のあいだに、テレーズはカルメル会の修道服を受けた。華やかな花嫁衣装に替わる粗い毛織りの褐色の服、皮のベルト、縄で編んだサンダル、修練女のしるしである白いヴェール。いかにも着なれない格好で、庭園の大きな十字架に寄り添って撮った記念写真の顔には、かすかに哀愁が漂っている。内面の苦しみを映しているのであろうか。

この日から、テレーズは修道誓願によってイエス＝キリストに結ばれるための準備期間、つまり修練期に入った。

新たな試練

着衣式からわずか一二日後に、マルタンは突然、激烈な発作を起こして、急遽《きゅうきょ》カン市にある「よき救い主病院」に収容された。父が精神病院に入れられた知らせは、カルメル会の娘たち、わけても「小さい女王」の心を打ち砕いた。テレーズは後に、父親が最期を迎えるまでの三年間は、姉妹たちの生涯にとって最も実り豊かな時期であって、この値知れぬ宝を思うと感謝にあふれる、と書いている。この間、テレーズは愛する父と共に人々の足に踏みにじられる屈辱を味わいながら、イエスがゲッセマネの園で苦しみ悶え、神に叫んだ祈りを自分の祈りとして捧げていたのである。「アッバ、父よ、あなたはなんでもおできになります。この杯を私から取りのけてください。しかし、私が願うことではなく、み心に適うことが行われますように。」（マルコ14・36）

弱さと無の自覚

テレーズがカルメルの孤独と沈黙の生活を熱望したのは、世の煩いに妨げられずに神を観想するためであった。ところが、会則に従って毎日多くの時間を祈りにあてていながら、なんの慰めもない無味乾燥な祈りの日が続く。睡眠不足がいたくひびいて、祈りの静寂な時間になると、不本意ながら睡魔に勝てない。それでも、テレーズは努力をやめなかった。祈りが喜びを伴わないのに比例して、神への信頼とゆだね、自我からの離脱が深まっていく。気むずかしい修道女たちからくるさまざまないやがらせを、姉たちに隠してじっと耐え、黙々と愛の実行に励む。根拠のない責めを受けても弁解しない。すべては「イエスさまをお喜ばせするため」であり、会則の些細な点にいたるまでおろそかにすることはなかった。調理係はテレーズが若くて元気そうに見え、不平をこぼさないのをよいことにして、残り物や、ときには傷んで捨てる寸前の物を、あえて食卓に準備しておく。「きたない靴下のようなオムレツ」は、長くテレーズの記憶に残った。

テレーズの内的な緊張は続き、ほとんど挫折に近い状態に陥ることも、まれではなくなる。この苦しい体験をとおして、テレーズは自らの弱さを痛いほど知り、ただ神のみにより頼む信仰へと導かれていくのである。セリーヌに宛てた次の手紙は、使徒パウロの思想（二コリント12・9）を彷彿とさせるものがある。

「十字架を担えば途中で挫けてしまうなどと、どうして恐れていらっしゃるのですか。イエス様もカルワリオへの道すがら、三度もお倒れになったではありませんか。それなのに、か弱い小さな子どもにすぎないお姉様は、主にあやかろうとはなさらないのですか。倒れる前よりもさらに勇気をだして立ちあがり、ご自分の愛を証明したいとはお思いにならないのですか。苦しむことなしに、愛することができるとお思いになってはいけません。私たちは偉そうに苦しみたいの

テレーズの親族　左から２人目姉レオニー，４人目姉セリーヌ，中央車椅子は父，７，８人目は叔父ゲラン夫妻。

です。ああ、なんという思い違いでしょう。私たちは決して倒れたくないのです。私は毎瞬倒れてもかまいません。倒れれば自分の弱さがわかりますから、大きな利益です。お姉様に、私の惨めさがおわかりになったら。……聖徳とは、美しい言葉を述べることにあるのでもなければ、美しいことを考えたり、感じたりすることにあるのでもありません。聖徳は、苦しむことを心から望む意欲のなかにあります。」（手紙六八）

従姉妹のマリーに宛てて、

「あなたは無にすぎないにしても、イエス様は『すべて』でいらっしゃることを忘れてはいけません。あなたの小さな無を、イエス様の『無限のすべて』のなかに消し、もうこの愛すべき『すべて』のことしか考えてはいけません。あまりにも惨めな自分を眺めるとき、もうこれ以上自分をかえりみたくなくなり、最愛の方イエス様にだけ目を注ぎます。」（手紙八七）

テレーズは自分の無を「無限のすべて」、つまり愛そのものである絶対的存在の前で眺め、自らの無にこだわるよりは、愛の大海原に浸って、ゆだねきるほうを選びたいと願う。しかし、聖性はまるで「雲間に頂きを隠す高い山」のように見え、自分はこの山の麓の「小さな砂の一粒」に過ぎないことを痛感する。越え難い壁の前に、テレーズの夢、「いまだかつてだれもお愛ししたことのないほど、主をお愛ししたい」との理想は打ち砕かれねばならない。自分で聖性をかちえようとする望みを捨てて、神の愛に自らをゆだねる道程ははるかである。まだ一歩を踏みだしたにすぎないことを、テレーズ自身予感していた。

誓願式の延期

一八八九年の一〇月に、家族は分散し、ブイソネ荘の家具も処分された。車椅子と時計などが修道院に運び込まれただけで、テレーズはあらゆるものからの離脱を心底から味わう。さらに、試練が加わる。修練期はふつう一年なので、テレーズは一八九〇年の一月一一日に誓願を立てることができるはずであった。ところが、理由は定かではないが、おそらく年齢が若すぎるのと、父親の病気を口実に九か月の延期が決定する。テレーズはこの試練を、呟かずに受け入れるのであった。

「私はほんとうに忘れられたいのです。他の人からだけではなく、自分自身からも。自分の望みが一つもないいほど、無に等しいものになりたい。」

預言者イザヤの描く「苦しむ神の僕」（53章）と、カンの精神病院に閉じ込められている父親の姿とが二重写しとなって、テレーズの目に映じる。人々に見捨てられ、もはや人間とは思われないほどに痛めつけられた神の面影がテレーズを魅了した。「苦しむこと、そしてないがしろにされること」、これが自分たちの標語でなければならない、とテレーズは父親の看護にあたるセリーヌに書き送る。

十字架のヨハネの影響

一六世紀のスペインが誇る偉大な神秘神学博士であり、男子カルメル会の改革者でもあった十字架のヨハネ*（一五四二～九一）は、当時リジュのカルメル会ではさほどの関心を持たれなかったらしい。というのも、一八八八年にはアビラのテレサ帰天三〇〇年を祝ったこともあって、テレーズがカルメルで生活した頃、修道女たちはテレサの著作に心酔していたからである。

不思議なことに、テレーズがリジュのベネディクト修道会経営の学校に通っていたとき、ペン習字の練習帳に繰り返し書き込んでいたのが、十字架のヨハネの言葉であった。しかもそれが、「苦しむこと、そしてないがしろにされること」であって、あとの言葉は大文字で書かれている。まだ一三歳にすぎない生徒が、どのようにしてこれを知ったかはわからない。ただこの頃、テレーズはすでにさまざまの苦しみを体験していた。この言葉で希望と愛に心を燃やされ、真剣に苦しみとさげすみに渇いたことは確かである。セリーヌと並んでブイソネ荘の物見台の窓辺に立ち、夜空を仰ぎながらこの言葉を繰り返した思い出は、二人の胸中から消えることがなかった。

テレーズが、「一七、八歳のとき、霊的糧として十字架のヨハネの著書しかなかった」と語っていることは、驚嘆に値する。高度の神秘神学書である彼の著作はその頃、今日ほど普及してはいなかったし、『カルメル山登攀』と『霊の賛歌』、『愛の生ける炎』を含む著作集三巻が出版されたのは、一八九〇年、つまり、テレーズが一七歳になった年にすぎない。修練長マリー＝デ＝ザンジュは、若い修練女テレーズが年齢をはるかに超える洞察力で、十字架のヨハネの神秘的な語句を語るのを聞き、驚いてしまったと証言している。

テレーズは、信仰は暗闇のなかで純化されなければならないと直感していた。さらに、すべてから離脱した赤裸々な貧しさのなかでこそ、希望は満たされると感じていたのであるが、これに確証を与えたのが、ほかならぬ十字架のヨハネである。福音書を除けば、テレーズの霊性に彼の神学以上に深い影響をとどめた著作はない。

＊　十字架のヨハネは、スペインの旧カスティリア州に生まれ、一五六三年にカルメル会に入会して四年後には司祭に叙階された。その後まもなく、当時の女子カルメル会を原始会則の遵守に引き戻す計画を持っていたアビラのテレサ修女に会って、男子カルメル会の改革を決意する。これに反対する会員によ

ってトレドの独房に九か月間監禁され、そこで、著作中でも最も美しい神秘詩をしたためている。その脱出後、改革派の同志たちに誤解され、迫害を受け、病苦と屈辱のなかで崇高な愛の死を遂げた。一七二六年、教会により列聖され、一九二六年には教会博士の称号を贈られた。彼の著作は神秘の最高峰をいくものと謳われているが、邦訳されたもののなかで親しまれているものに『霊魂の暗夜』、『カルメル山登攀』、『愛の生ける炎』などがある。

「子どもの怖れと闘士の決断力」

一八九〇年の九月八日が、テレーズの誓願式と決まった。ようやくカルメル会指導司祭の許可が下り、共同体が真剣に検討して決定したことに、ユナゴン司教も賛意を表したのである。ついに、テレーズは修道女たちにとりかこまれて、貞潔、清貧、従順の誓願を宣立した。

この翌日、マリー＝ド＝ゴンザグ院長がトゥールのカルメル会修道院長に書き送った手紙が残っている。

「……一七歳六か月にすぎないこの『幼い天使』は、三〇歳に相当する分別を具え、長年修道生活を送ってきた修道女のような自制と成熟さを見せています。すぐれた修道女です。誓願式中に見せた寛容な自己奉献を目のあたりにした者はみな、涙を流さずにはいられませんでした。」

記念すべきこの日、式に列席した従姉妹のマリー＝ゲランは、自分もテレーズのようにカルメル会に入会することを決意する。

誓願式中、テレーズは自作の祈りを記した紙片を胸にあてていた。後に、一筆相学者がこの筆跡を見て、次のように診断する。「深い感動、恐れ、弱さ、感情の波、自力に対する自信のなさと不安、同時に鉄のような決断力、闘志、激しい精神力。ひとことで言えば、子どもの怖れと闘士のような決断力。」

神の愛の海原へ

テレーズは繊細な良心の持ち主であった。幼い頃、過度の感受性から病的な小心に悩まされ、神が自分に満足しておられないと想像するだけで、一晩中寝ずに過ごしたほどである。カルメル会に入会後二、三年のあいだは、わずかな過ちも罪ではないかとの不安におびやかされていた。神のあわれみは無限であって、人の思いをはるかに超えるとの直感にもかかわらず、神の前に汚れのない者でありたいとの心遣いのほうが、重きをなしていたことがうかがわれる。まだジャンセニズムの影響がかなり残っていて、耳にする説教は神の正義、罪、地獄の苦しみや恐怖を強調するものであったことを思えば、テレーズの極端に近い恐れも理解できる。

一八九一年に、リジュのカルメル修道院はフランシスコ会の修道司祭プルー神父の指導のもとに黙想会をした。神のあわれみとゆだねについて説く司祭の言葉で、テレーズの心は明るくはればれとなった。神への憧れ、愛の渇きを打ち明けると、師はためらわずに答えたのである。「神様はあなたをひじょうに喜んでおられます」と。神に背く恐れにおびえていたテレーズを、プルー神父は神の愛の大海原に送りだした。

死の影の支配する修道院で

八七歳のジュヌヴィエーヴ修女が帰天したのは、この年の冬である。テレーズは入会したときから、この修道女に心をひかれていた。その判断力と柔和、人の目からは隠されている平凡な聖徳、ここには錯覚の入る余地がない、とテレーズは思う。ある夜、テレーズはこの修道女の夢を見る。「あなたに私の心を残します」という声を聞いた。

ジュヌヴィエーヴ修女が葬られた直後に、フランス全土に蔓延したインフルエンザがリジュのカルメル会を襲う。年長の修道女から相次いで三人が死亡し、やがて若い三人を除き、全共同体が病床に倒れた。このとき、テレーズは驚くほどの手腕を発揮する。仕事が遅いと定評のあったテレーズが、死の影の支配する修道院で、病人の看護から死者の埋葬にいたるまで、機転と知力を働かせ、はつらつとやってのける。カルメルの指導司祭ドラトロエット神父は、テレーズに対して四年のあいだ抱き続けてきた警戒心を解き、一九歳のテレーズに脱帽した。「テレーズはこの共同体にとって、大きな希望です」と言う。

父の死

五月一〇日、イジドル叔父がカンの精神病院からマルタンを修道院に伴ってきた。娘たちとは四年ぶりの再会である。面会室の格子ごしに、やせ衰えた姿で一言も口にせずに三人の娘たちを見つめていたが、別れを告げるときになると涙にくれ、天を指さして言った。「また、天国で……。」これが、カルメルの娘たちとの最後の別れであった。

老人はゲラン家でしばらく過ごしてから、レオニーとセリーヌに引きとられ、二年後の一八九四年七月、セリーヌに看とられながら眠るように生涯を閉じる。最期のまなざしは生き生きとして、感謝と愛情にあふれ、知恵の光を宿していた。セリーヌの証言がマルタン家の人々にとって、いかに深い慰めとなったことか。そしてある日、テレーズは長姉マリーと話しているうち、突然、幼い頃ブイソネ荘の庭で見た幻想の意味を悟ったのである。預言者イザヤが描く苦しむ僕の面影こそ、父親の晩年の姿であったことを。

彼は軽蔑され、人々に見捨てられ
多くの痛みを負い、病を知っている。
彼は私たちに顔を隠し
私たちは彼を軽蔑し、無視していた。（53・3）

「ご受難のあいだ、イエス様の拝すべきおん顔が覆われたように、その忠実な僕の顔も、悩みの日には覆われなければなりませんでした。天のふるさとで、永遠のみことばである主のお側で光り輝くことができるように」と、テレーズはしたためる。

愛による解放

院長の更迭とテレーズ

一八九三年の二月、マリー＝ド＝ゴンザグ院長の任期が終わり、姉のポリーヌが院長に選出された。権威的な統治者に代わって、テレーズの愛する「小さいママ」が共同体を治め、導くことになった。言うまでもなく、テレーズはこの新しい状況を利用しようなどとは夢思わない。ただ、カルメルの囲いのなかで、マルタン家の姉妹たちの立場がいっそう微妙なものになることを予感する。この予感は的中した。

ポリーヌ＝マルタンは前任者にへつらわず、穏やかに、しかし断固とした姿勢で、自分が正しいと信じることに着手したのである。院内に多くの変化が起こった。柔和なポリーヌを御し易いと見て、院長職に推すことをあえてしたマリー＝ド＝ゴンザグ修女は、嫉妬と屈辱感に苛まれる。その結果、新院長に反抗し、公然と非難を浴びせるにとどまらず、会則に反して自分の再選を目ざす運動を起こし始めたのである。

この嵐のなかで、ポリーヌは前院長を修練長に任じ、テレーズをその補佐役にした。こうして、テレーズは二人の板挟みとなり、一方のためにより苦しんでいることを、二人のどちらにも見せてはならない立場に置かれて、その使命を果たすこととなったのである。しかも、マリー＝ド＝ゴンザグ修女が名義上の修練長にすぎず、養成担当者としては不適格であるにもかかわらず、院内の平和を保ち、いざこざを避けるために地位と権限とを与えられていることは、公然の秘密であった。テレーズの受けた任命がいかに微妙なものであったかは、当時の修練女たちの証言によっても明らかである。

会則によれば、修練長を補佐するには「すぐれた賢明さと良識を具え、愛と信仰において秀でた修道女」でなければならない。修道院の最年少者がこの役に抜擢され、六〇の坂を越えた老練の修練長に助言を与える立場に置かれたのである。マリー＝ド＝ゴンザグ修女の嫉妬心が刺激されずにすむはずはない。これを十分に弁えていた新院長は、テレーズに「副修練長」という正式な役名を与えず、肩書きを単に修練女たちの「天使」として、修練院にとどまらせた。

修練長の補佐役として

テレーズがいかに、たとえようもない敬意と繊細さをもって、謙虚に思慮深くこの任務を遂行したかは驚嘆に値する。移り気で感情の起伏の激しい修練長は、テレーズが権限外のことに手をだしたと言って非難したり、修練女たちに若いテレーズが影響力を持つのを妬んで、役目から外したかと思えば戻したり、目にあまる気ままな行動を繰り返したが、テレーズの尊敬と従順の態度は変わらなかった。

ただ一度だけ、テレーズは公然と修練長の非を指摘したことがある。ポリーヌの院長任期が終了する前に、セリーヌ＝マルタンともう一人の修練女の誓願式が行われることになっていた。ところが、次期院長に選出されると確信し、じっさいにその運動を続けていたマリー＝ド＝ゴンザグは、誓願式を院長選挙後に延期するよう、あらゆる手段をこうじ始めたのである。若い二人を院長として公に受け入れる栄誉を、自分が担いたい意図は見えすいている。

誓願の許否を決定する最終会議の席上で、修練長は投票を拒否し、誓願式を妨げようと計った。これが、党派にからまる問題として活発な討議を招いたことは言うまでもない。そのとき、かつて公の場で意見を挟むことのほとんどなかったテレーズが、一五名の修道女を前に明言したのである。

「マリー＝ド＝ゴンザグ修練長様は、絶対に正しくありません。院長様に対してこのような行動にでることは、醜聞をさらすことです。その上、私にとって最も悲しいのは、このことでイエス様をお辱めするのを見ることとです。」

これを聞いた年長の一修道女は事態を見極めないまま、単なる身内の感情問題と受けとめて、反対意見を表明した。修練長たる者が自分の指導下にある修練女に誓願の延期という試練を与えて、謙遜を体得させるのは当然ではないかというのである。しかし、テレーズは断固として譲らなかった。

「試練のなかには、だれもそれを課す権利を持たないものがございます。」

結果的に、二人の誓願式は院長選挙のほぼ一か月前、一八九六年二月二四日に行われた。これに反対意見を述べた修道女は、かねがねマルタン家の三姉妹に好感を抱いていなかったこともあって、テレーズが会議で口を挟んだのは、姉のセリーヌに対する肉親の愛情に左右されたからであると考えていた。しかし、日ならずしテレーズの真意を理解したばかりか、テレーズは将来、「思慮と思いやりをもって事に臨み、権利を濫用することのない秀でた院長になるに違いない」と確信するにいたったという。

テレーズの修練女たち

テレーズは二〇歳になったばかりであった。修練長の補佐役に任じられた年、修練院にいたのはテレーズよりも年長のマルタとマリー＝マドレーヌだけで、二人とも院内の業務に従事する助修道女と呼ばれる階級の人たちである。翌年には三位一体のマリーが入会し、次の一八九四年の秋、セリーヌがカルメルの門をくぐった。一年後に、こんどは従姉妹のマリー＝ゲランが入会し、修練院は五人となった。

血縁関係は快いどころか、かえって事をむずかしくする。セリーヌは六年ぶりに愛する妹と同じ屋根の下で生活するのであるが、独立心が強い上に、社会人としての経験に富んでいる。修練院のこまごまとした規則、たとえば沈黙を守る、目を慎む、走らない、不愉快な注意を弁解せずに受けるなどの実行は耐えがたい。挫折感に打ちのめされてしまう。しかし、テレーズはどの修練女にも、妥協を許さない厳しさで、全く差別なしに接する。修練女たちがその深い真実な愛を受けとめ、信頼して指導に身をゆだねるまでには時間を要した。

セリーヌは当時を回顧しながら、歯に衣を着せずに断言している。

「テレーズはよい修練女に恵まれませんでした。一人は頑なで打ちとけず、忠告を逃げ回り、もう一人は悟りが鈍い上に、カルメル会に召されているかどうかも定かではなく、テレーズを疲れさせていました。三人目はとても養成がむずかしくて、それでもカルメル会にとどまることができたのは、テレーズの忍耐のおかげです。テレーズは、このような痩せ地で働かなければなりませんでした。」（教区の列聖調査の証言）

卓越した教育者

修道会の養成担当者が担う役割は重い。若い志願者を、神に召された恵みに生涯をかけて応えるように導き、誓願による聖別奉献に備えさせながら、その修道会固有のカリスマと使命に沿って養成するのである。

若年のテレーズは、この任務が自分の能力を超えるものであることを、一目で見抜いた。同時に、信頼を込めて空の手を神にさし伸べ、修練女たちに必要な霊的糧で満たしてくださるように嘆願する。

「自分では何もできないことがわかってからは、命じられた務めもむずかしくは思えなくなりました。必要なことはただ一つ、イエス様にますます一致することであって、ほかのものはみな、与えられると感じました。じっさい、私の期待は裏切られませんでした。もし、自分の力にほんの少しでも頼ったなら、私は日ならずして手を上げ、役目を返上したに違いありません。」（『原稿C』）

この信仰と謙虚さが、テレーズを卓越した教育者にした秘訣であることは確かであろう。その上、テレーズは生来、教育者としての天性を具えていたと思われる。それればかりではない。姉のポリーヌによる徹底した家庭教育が、具体的な生活の場で何をどのように教え、個性を開花させるにはどのように育成すべきかを体得させたのである。

テレーズが修練女たちに教えたことはすべて、自分が入会以来、心を込めて実行してきたことであった。何よりも愛を優先させること、些細な点にいたるまであらゆる事柄に誠実であること、自分には厳しく他の人には忍耐強くあること、温和で明るく、つねに仕える姿勢でいること、自らを飾らず誇らず、神の前でも人の前でもありのままの自分であること。自制についての要求は容赦なかったが、セリーヌの言葉によれば、「子どもじみた自分の『悩みごと』で大騒ぎするのは、テレーズにとって我慢がならなかった」。

テレーズは修練女たちに、「多く」ではなく「すべて」を、「しばしば」ではなく「つねに」、「できるだけ」ではなく「全力投球」を望んだ。修練女マルタは、テレーズが自分の不完全さを見逃さない鋭い目をもっていたが、叱るときには実に優しく、それでいて、一度口にしたことをひるがえしたり、曖昧にすることは決してなかった」と証言している。

「テレーズは欠点を指摘することで、私たちの機嫌を損なうことなど、全く気にしていないように見えました。もし、大目に見てくださったら、私たちの人気を集めることができたでしょうに、そのようなことは一切意に介されませんでした。」

だれよりも、テレーズ自身がこのことを承知していた。「親切を弱さに変えてはならない。悲しんでいる人を慰めようとして追いかけ回すのは、親切どころか相手に害を及ぼす。叱責されても、あとで母親の愛撫を受けられると信じ込んでいる甘やかされた子どものようになるのがおちだ」と、テレーズは思う。

だれかが不満を訴えた場合、過ちをその場に居合わせない人にかぶせるのは容易だが、テレーズは正反対のことをする。それで相手が気分を害しても、一向にかまわない。「真実を聞きたくないのなら、私のもとにくる必要はないのです。」これが、テレーズの終始一貫したやりかたであった。

真の教育者は、自分の心の平静を失うのを恐れて、物事をなるがままに任せておいてはならない。相手の善のために、ひるまずに戦う。勝利が期待されなくても、あくまでも戦う。結果を前もって計算に入れる必要はないのである。

「反抗的な相手に対して、もう手だてはない、わかってもらえない、絶望的だと思ってはなりません。このような考えは卑怯です。」

愛の優位性

テレーズにとって何よりもつらいのは、「過ちや些細な不完全まで注意し、これらに必死の戦いをいどまなければならないこと」であった。「自分の好みや個人的な考えを完全に断ち切り、自分の道ではなく、イエス様が一人ひとりのためにお定めになった道から導く。」この目標を貫くために、つまり、相手を無私無欲の愛で愛したから、テレーズは戦いにひるまなかったのである。

テレーズは、人目を引く偉大なわざには重きを置かなかった。かえって、絶え間ない努力を尽くして神に寄り頼むことの大切さを強調する。

「小さい子どもであることを承諾し、聖徳の階段を上がるために、あらゆる徳を実行して、いつも小さい足を上げなさい。たとえ、最初の一段すら上がることができなくても。……神様があなたにお求めになるのは、ただ善意だけです。まもなく、あなたの無駄な骨折りにたまりかねて、ご自分で降りてこられ、あなたをおん腕に抱きあげて、永遠のみ国に連れて行ってくださるでしょう。」(『勧告と思い出』)

「主よ、主よ」と、口先で叫ぶだけでは神の国に入ることはできない。「最善を尽くして、神のみ心を全うしなければならない」、「愛は、わざによって証明される」とテレーズは勧める。と同時に、

「善意だけで十分である」とも言う。

「聖徳はあれこれの徳を実行することにあるのではなく、神の手のうちに貧しく小さいままでとどまり、自分の弱さを知って、父である神の慈愛に大胆なまでに信頼する心構えにある。」

この教えのパラドックスを解くのが、愛にほかならない。

「価値あるものは行為の値打ちや、外面に現れた聖性ではなく、そこに込める愛だけです。愛は、愛によってしか支払われません。」

このように断言できたのは、福音に基づく愛の優位性を疑わなかったからである
「愛がなければ、どんな行為も、死人を蘇生させるほどの華々しいわざですら、虚無にすぎない」

と、テレーズは悟っていた。

観想修道会の生活は、外部の目からは隠された単調な日々である。すべてが内面に向かう。ここで本質を見失うとき、生活自体は全く無意味に見えてくる。テレーズは確信をもって、すべてを愛によって果たすという単純な、しかし英雄的な実践に修練女たちを導いていく。ここでも、十字架のヨハネの勧告は、テレーズにとって養成に欠くことのできない光となった。

「純粋な愛の行為は、それがどんなに小さくても、他の一切を集めたよりも教会のために有益である。魂がすみやかに愛に焼き尽くされ、神を顔と顔とを合わせて眺めることができるように、ただひたすら愛を実践することは最も重要なことである。」

マリー＝ド＝ゴンザグの再選　ポリーヌが院長に選出されたあと、テレーズは修練長が共同体の前で自分の支配力を主張し、事あるごとに新院長を非難するのを耳にして、この不幸な修道女を優しく包もうとした。その頃のテレーズについて、三位一体のマリーの証言がある。

「マリー＝ド＝ゴンザグ修練長様が失敗に目が眩《くら》んでいるのをごらんになって、テレーズは苦しまれ、なんとかして真理に目を開かせるよう、あらゆる努力をなさいました。」

やがて、ポリーヌの任期が終了し、院長選出が行われる。テレーズには選挙権が与えられていない。わずか二十数名の修団のなかで、群を抜く三姉妹が選挙権を行使すれば、マルタン家の勢力が優勢になる。これを阻む工作であったのか。いずれにせよ、選挙は七日間もの難航を続けたあげく、院長の座に就いたのはほかでもない、マリー＝ド＝ゴンザグ修女であった。しかも、修道院中が驚き呆れ、失望したのは、新院長が依然として修練長職を他に譲らず、共同体にとって重要な二つの地位を自ら手中に納めたことである。

不幸中の幸いというべきは、テレーズに補佐を継承させたことであろう。院長は三年のあいだテレーズを身近に置いて、今やその真価を認め、全幅の信頼を寄せるにいたったのである。この結果、テレーズは生涯修練院にとどまり、院内会議の選挙権はおろか、これに出席する権利を持つことはなかった。マルタン姉妹の勢力が増すのを危惧した院長の策略である。しかし、テレーズはこの不当な扱いに、なんの申し入れもしなかった。誓願を立てているにもかかわらず、つねに修練女と同等の立場に置かれていることで、イエスにならうことを幸いに思う。神のみ子イエスは「仕えられるためではなく、仕えるために」世にこられたのでなかったか。

愛の奇跡

テレーズがマリー゠ド゠ゴンザグ修女によって任じられた役割と、二人の協同作業について語る言葉は、敬いと謙虚さと単純さにあふれていて美しい。

「画家は何本かの絵筆をもっておりますが、少なくともそのうちの二本を使い、第一の、もっとも大切な筆で全体の色の調子をつけ、瞬く間にカンヴァス全体を塗ります。小さなもう一本のほうは、細部を描くのに用います。院長様、あなたはイエス様がその子どもたちの霊魂に傑作を描くとき、愛を込めてお使いになる大きな筆でいらっしゃいます。そして私は、イエス様が細かい部分を描くときに用いようとなさる、ずっと小さな筆にすぎません。」(『原稿C』)

この頃のテレーズを描写したマリー゠ド゠ゴンザグ院長の手紙が残っている。

「テレーズは背が高く、りっぱな体格をしていますが、子どものような表情をしています。声にも表現にもあどけなさがあります。ところが、五〇代の女性のような賢明さと洞察力、善意を具え、つねに平静で、修道女たちには万事に自制している様子が見られます。

いわゆる聖女のようでありながら、いたずらをしたり、ふざけたり、洒落を言ったりします。神秘的で、同時にユーモアたっぷりなのです。深い信仰のあふれる言葉で人を感動させ、感涙をもよおさせたかと思うと、休憩時間にはみなを笑いころがせる、といったふうです。」

ここには、テレーズの特徴であるコントラストが浮き彫りにされている。この率直な、見事な人物描写が、テレーズの全貌を正しく把握するのに一役を買う。

テレーズは生涯の終わりに、命じられるままにペンを執り、自叙伝に続く二つの章をマリー＝ド＝ゴンザグに捧げて記した。限りなく謙虚で思慮に富む一語一句は、テレーズの心からほとばしる遺言である。

真実の愛、没我の善、共感、寛容さ、自制、真の償い、他人の欠点をいかに忍ぶべきか、神を畏れ自我に左右されない者のみがなしうる霊的指導という至高の技術について、テレーズは嘆願の形をとりながら、実に優雅に、上司である修道女を慰め照らし、心の傷を癒し、その痛みを和らげ、優しく覆う。

テレーズの愛は、ついに奇跡を生む。頑なで功名心が強く、部外者には打算的であったあのマリー＝ド＝ゴンザグ修女が徐々に柔和になり、臨終を迎えたときには、当時の院長であったポリーヌに驚くほどの率直さで、次のように打ち明けたと記録されている。

「院長様、この修道院で私ほど罪を犯した者はありません。それでも、私は神様に信頼申しあげております。また、私の小さいテレーズにも。テレーズが神様に、私の救いをお願いしてくださるでしょう。」

マリー＝ド＝ゴンザグ修女が帰天したのは、テレーズの死後七年目である。舌癌であった。したがって、テレーズはこうした回心の結末を見ることなく、最後まで苦しみながら、つねに中庸の立場を保ち、修道院内の紛糾を円満に解決するために心を砕かなければならなかった。

テレーズの詩作

一八九三年二月から一八九七年五月、つまり死の四か月前までに、テレーズは五四の詩をつづった。趣味や楽しみのためではなく、作詞を命じられて応えるため、あるいは人を励まし、助けようとの思いからである。したがって、それぞれの詩はだれかの「ため」であり、だれかの「名によって」であり、だれか「に」であり、自分中心のものはない。テレーズは愛する家族に、姉妹たちに、兄弟の縁を結んだ宣教師たちに、天上の聖人たちに、聖母マリアに、そして神に、神のみ子イエスに向かって歌う。

リジュのカルメル修道院の中庭

文学者としての素養の全くない二〇歳の修道女が、作詞のきまりにも通じず、韻字辞典も持たずに、霊感のおもむくままに詩をつづる。しかも、朝、思いに浮かんだ詩を書き残すために、夜の自由時間まで待たなければならない。このような条件のもとに書かれたにもかかわらず、テレーズの詩はその一生をありのままに映しだす鏡である。

テレーズは家族を愛し、自然界のあらゆる美を愛し、すべては、テレーズの心を創造主である神への賛美と感謝で満たすのである。カルメル修道院の閉域に一歩を踏み入れたとき、テレーズはこれらを進んで自由に放棄したが、それはほかでもなく神への愛のゆえであったから、限られた貧しい狭い修道院のなかで、テレーズは愛するすべてを神のうちに再び見いだすのである。

一八九五年のある日曜日、テレーズとカルメルの庭を歩いていたセリーヌは、雪割草が可憐な花を咲かせているのを見つけた。大喜びで摘みとろうとすると、テレーズが言ったのである。「長上の許可が要ります。」

セリーヌは入会してまだ六か月目であったから、このような些細なことまで束縛されるのを悲しんだ。テレーズは姉を慰めるために、二人が子供時代に喜々としてたわむれた自然界のあらゆる思い出を、五五節の詩（18B）に託してセリーヌの誕生日に捧げている。「花と香りと緑と小鳥たちの交響楽」と言われるこの詩に採りあげているいくつかを引用するだけで、テレーズの豊かな感受性と創造主への賛美を読みとることができる。

「麦畑、矢車草、すみれ、白い雛菊《ひなぎく》、薔薇《ばら》、雉鳩、燕、昆虫、淡い苔、ヒース、蝶々、朝露、銀盤のような月、きらめく星、林のなかで歌う鶯、波の音、嵐の唸り、小川のささやき、葡萄の房、空中に揺れる蜘蛛の糸……。」

この詩のなかで、テレーズは「イエスをもっている者はすべてをもっている」との信仰体験を歌っているが、次はそのすぐれた単純な一節である。

イエスよ　あなたのなかに　私は美しい大自然をもっている
虹も　真っ白な雪も　はるかな島々も　たわわな収穫も
蝶たちも　華やかな春も　畑も
私はもっている

この詩は、十字架のヨハネが『霊の賛歌』で歌う体験を思わせる。

私の最愛のお方のなかに
私は山々もっている
木々におおわれた谷
見知らぬ島々　響き渡る河
愛のそよ風のささやきも
暁のように

おだやかな夜
音なき音楽
調べよき孤独
心を奪い　愛を増す夕べも　（14・15）

テレーズが神秘生活の高みに昇るにつれて、その韻律も磨かれていった。一九〇七年に、フランスで初めてテレーズの詩が出版されたが、ジュバリュは序文のなかで次のように記している。

「テレーズの詩に見られるのは、自叙伝に表れているのと同じ霊的な事柄についての驚嘆に値する感覚と、幼子の無邪気さである。神なる最愛のおん方をとらえようとする倦《う》むことのない働きかけと、そのおん方への全きゆだねである。」

この言葉を受けて、ジャック＝ロンシャンはテレーズの詩の「手引き」を結ぶ。

「一見、無意味とも思われるこれらの詩こそは、日常生活の最も平凡なつまらぬ行動を、愛の偉大な理想によって変容させ、また、人間的地平の限界を宇宙的規模にまで広げることをなしえたテレーズの聖性から汲んだ、知られざる豊かさと力とを啓示する。」

テレーズは死の年の六月、結核の感染を防ぐために病床から遠ざけられていた一修道女に、こまやかな愛に満ちた別れの言葉をしたためた。

沈黙は　天使と選ばれた者らの　甘美な言葉
沈黙は　イエスにおいて愛し合う　霊魂たちの分け前
カルメルで　愛し合うことができるのは　犠牲のなかでです
いつの日か　楽しさに酔いつつ　私たちは互いに愛し合うでしょう

「小さい道」の発見

無に徹するまで

姉のポリーヌによれば、カルメル会に入会したテレーズの最初の五年間を特徴づけるものは、「謙遜と些細な事柄にまでおよぶ忠実さ」であった。入会後一か月目に、テレーズは長姉マリーに祈りを依頼している。

「お姉様の小さい娘が、だれの目にも見えないで、イエス様にだけ見ていただける小さい砂粒であるように、お祈りくださいませ。そして、この砂粒がますます自分を小さくし、ついに無に帰してしまいますように。」

つまり、テレーズがますます小さくなろうとするのは、ひたすらにイエスを愛するためなのである。

一八九二年まで、テレーズは相変わらず「小さくなる」と繰り返しはするが、それはあくまでも「人の目」にであって、「イエス様からだけは、眺めていただきたい」と願う。しかも、自分の努力によって自らを無にする境地に到達できると確信しているかに見える。隠れた自己過信と自尊心が打ち砕かれ、神のみに絶対の信頼を寄せるようになるには、あらゆる面で自分の無能を体験しなければならなかった。

一八九〇年の夏、従姉妹のマリー＝ゲランに宛てた手紙のなかで、テレーズは自分を「か弱い、ほんとうにか弱いもの」で、「来る日も、来る日も、自分の弱さを新たに身にしみて体験している」と言う。しかし、この段階ではまだ、聖性への野心を放棄してはいない。ところが、二年後の手紙には、他人の目にどう映ろうとも、自分自身が貧しくなること、自負心を養うすべてを注意深く捨てて、自らを空にすることを望み始めたことが読みとれる。一〇月に黙想会を終えて、テレーズはセリーヌに手紙を送った。

「イエス様は、『降りなさい』とおっしゃるのです。では、どこに降りたらよいのでしょう。……私たちが降りなければならないところは、ここ、つまり『私たち自身、貧しいものになること』です。

愛するセリーヌ、これが、黙想会の間にイエス様が私の霊魂のなかでしてくださったことです。これが『内的に』という意味であることは、お姉様にもおわかりになるでしょう？　外見的にはカンのあの痛ましい試練で、もうすっかり無にされたのではないでしょうか。……イエス様は、私たちが主を心のなかにお迎えすることをお望みです。もちろん、私たちの心には、もう被造物は入っていません。でも、悲しいことに、私には自分の心が、まだ自分というものから抜けきっていないことが感じられます。だからこそ、イエス様は『降りなさい』とおっしゃるのです。」

（手紙一一六）

空の手を伸べて

一八九三年、テレーズの内面に大きな転換が起こった。あらゆる努力を払い、苦しみを甘受して、聖性を獲得しようとする意欲は、空の手を神に伸べて、上から与えられる賜物を感謝して受ける態度へと変わっていく。自らの貧しさに甘んじ、無力さを心底から認めて、ただ神の訪れのみを待つ。同じ年の七月にセリーヌに送った手紙は、この意味で重要である。

「……主がご自由にお望みのものを手にとって、与えてくださるのに任せましょう。完徳とは、主の思し召しを果たすことにあるのです。

あなたのテレーズは、今のところペチャンコです。でも、イエス様が、『自分のなかにある善悪いずれからも、利益を引き出す方法』（十字架のヨハネの詩から）を教えてくださいます。主は愛の賭け方を、私に教えてくださいます。と言うよりもむしろ、主ご自身が私に代わって勝負してくださっている、と言ったほうがよいかもしれません。なぜなら、これはイエス様の問題で、テレーズの問題ではないからです。テレーズにとって問題なのは、自分をお任せすること、……すっかり自分をお渡ししてしまうことです。……

霊的指導者たちは、多くの徳行を行わせて、完徳に進ませようとしています。けれども、私の指導者でいらっしゃるイエス様は私に、自分の善行を数えるようにはお教えにならず、すべてを愛によって行うこと、主に何一つお断わりしないこと、愛の証しを立てる機会をくださるなら、それを喜ばなければならないことを教えてくださるのです。」

自分の最善を尽くす努力を重ねながら、テレーズはもはや自力に頼らない。主イエスにのみ希望を置く。主はすべての弱さを補い、人間の不完全さのなかでご自分の愛の偉大さを発揮なさる方だからである。あらゆる人間行為に先行する神の愛、この愛こそすべてであって、人間側の努力は相対的な価値にすぎないことを、テレーズは悟った。あれほど完全でありたいと願い続けてきたテレーズにとって、なんという光であったことか。今は、なんの気負いもなくセリーヌに打ち明ける。

「……お姉様はきっと、私がお話ししたことをいつも実行しているとお思いになるでしょうね。とんでもありません！　私は、いつでも忠実であるとは限らないのです。けれど、決してがっかりなどいたしません。イエス様のみ腕に、身を投げだします。」

象徴を好むテレーズ独特の詩的表現が、この言葉のあとに続く。

「小さな露の滴は『野の花』のうてなのなかに前よりも深く身を沈め、そこに、自分が失ったものを、いいえ、それ以上のものをふたたび見いだすでしょう。」（手紙一二二）

たしかに、神はテレーズの弱さ、無力さを用いて、ご自分の偉大なわざを成し遂げられるであろう。テレーズが自分の前に開かれた道を、新たな光に照らされ、巨人の足どりで進む時の訪れは近い。

テレーズの心の奥底に、ある確信がゆるぎないものとなった。神は実現不可能な望みを起こさせはしない、という確信である。神のあわれみは無限であって、小さい者、弱い者をご自分の愛で満たすために、自ら降りてこられる。人間の無力さこそ、神のあわれみがその大いなるみわざを完成する場なのである。神のあわれみの神秘はテレーズを希望と信頼で満たした。

愛のエレベーター

そこでテレーズは、小さく弱いままで愛の頂きに辿りつくための道、もっとも短く、まっすぐな新しい道を探求し始める。そのとき、テレーズの脳裏にエレベーターがひらめいた。その頃、リジュでも豪華な邸宅にはエレベーターがあって、テレーズはその便利さを知っていたのである。けわしい階段を一段ずつ上がる代わりに、自分を一気にイエスのもとに運ぶエレベーターがほしい。テレーズは大切な「小さい手帳」のなかに、手がかりになるものはないかと探す。

一八九四年、セリーヌがカルメル会に持ってきた荷物に、小さい一冊の手帳が入っていた。ゲラン家にあったもので、旧約聖書から抜粋した聖句が書き込んである。一九世紀のカルメル会では、旧約聖書の全部を読むことが許されていなかったから、この手帳はテレーズにとって、まさに宝物であった。テレーズは、手帳に記されている聖句を全身全霊をあげて読み、これに聴き入り、探求し続けた。聖霊に照らされて、神の心にふれる恵みが与えられたのは、この時である。

一八九五年の暮れであった。「小さい手帳」を祈りながら読むテレーズの目が、次の言葉にとまる。

「いたって小さい人は、ここに来るように。」（箴言9・4）

テレーズは、なおも探し続ける。この招きに応える者に、神は何をなさろうとするのか。こうして、テレーズはついに、イザヤの預言に答えを見いだしたのである。

あなたたちは乳房に養われ、抱いて運ばれ、
膝の上であやされる。
母がその子を慰めるように
わたしはあなたを慰める。（66・12～13）

喜悦に満たされて、テレーズは叫んだ。

「ああ！これほどやさしく、これほど調子の美しい言葉が、私の霊魂を喜ばせにきたことは、これまで決してありませんでした。

おお、イエス様！　私を天にまで上らせるエレベーター、それらあなたのみ腕なのです。ですから、私は大きくなる必要はありません。かえって、ますます小さくならなければなりません。神様！　あなたがしてくださったことは、私の期待をはるかに超えています。それで、私はあなたのあわれみを歌いたいのです。」

イエスと幼子

自らの貧しさに徹することは、努力を排除しないことを、テレーズは以前から見誤ることはなかった。テレーズは自分を、エレベーターが目の前に降りてくるまで階段の下にとどまり、「絶えず小さい足を上げ続ける幼子」にたとえる。このようにして主を呼び続けるうち、主はついに側にきて幼子を抱き上げ、頂上へと運んでくださる。テレーズの道は、自力で英雄になる道とは違う。神ご自身が小さいテレーズのうちで勝利を占められる道なのである。全く弱く、無力な幼子であること以外には何も望まない。「神様、すべてをなさるのはあなたです。」この態度が、小さい道の特徴であることをテレーズは疑わない。

テレーズの念頭から離れないのは、福音書に描かれているイエスと幼子の姿である。「人々が、イエスにふれていただくために子どもたちを連れて来ると、弟子たちはこの人々を叱った。イエスはこれを見て憤り、弟子たちに言われた。

『子どもたちを私のところに来させなさい。妨げてはならない。神の国は、このような者たちのものである。はっきり言っておく。子どものように神の国を受け入れる人でなければ、決してそこに入ることはできない。』
イエスはこう言って子どもたちを抱き上げ、手を置いて祝福された。」（マルコ10・13～16）
この発見の後、テレーズは手紙に「最も小さいテレーズ」と署名するようになる。しかも、「小さい」という形容詞の下にアンダーラインを引く。聖書の引用であることを明らかにするためである。
さらに、この恵みの日以来、テレーズはかつて手紙や詩などでほとんどふれなかった「あわれみ」という名詞を、ひんぱんに用い始める。自分の生涯を振り返るとき、神のあわれみの愛が取るに足りない自分を包み、現在にいたらせたことを歌わずにはいられないのである。

神のあわれみを賛美する歌

一八九四年から九五年にかけた冬のある夜、休憩時間にマルタン家の姉妹たち四人は、かつての思い出を蘇らせながら楽しく話し合っていた。末の妹がブイソネ荘時代を生き生きと語るのを聞いて、突然、長姉マリーが院長のポリーヌに言う。

「テレーズの幼年時代について書かせてください。どうか、考えてください。この『天使』は、地上にそう長くはとどまらないでしょう。楽しい思い出を書き残させないなら、大きな損失になります。」

ポリーヌは、一瞬ためらった。まず、自叙伝を書くのはカルメル会の習慣ではない。それに、テレーズが受けもっている仕事はかなりの量である。マリーは執拗に願いを繰り返すが、当の妹は笑っている。とっさに、ポリーヌは決断した。「テレーズ、幼年時代について書くことを命じます。」上長者の命令には服従しなければならない。

テレーズは一八九五年の一月、寒い冬の夜にペンを執った。小学生用の安いノートが手に入ったので、就寝前の祈りのあとと、祭日の自由時間をそれにあてようと思う。狭い修室で、質素なべ

修道院の食堂

ンチに腰を下ろし、倉庫で見つけた古い机を前にする。粗末な石油ランプの芯をピンで引き上げながら書き始めた自叙伝の序曲は、神の計りえないあわれみの賛美の歌である。

「愛する院長様、私にとって二重の意味で母であるあなたに、これから私の霊魂の物語をお打ち明けしましょう。あなたから、そうするようにお頼まれしたときには、書くことによって自分自身にこだわり、気が散りはしないかと思いましたが、まもなくイエス様は、単純に従うほうがみ心に適うことを感じさせてくださいました。それに、私がすることは、ただ一つのことでしか

ありません。つまり、私が永遠に繰り返すはずの歌……主のあわれみを歌い始めることです。」（『原稿A』）

ペンを執る前に、聖母に祈って福音書を開くと、次の箇所が目にとまった。

「イエスが山に登って、これと思う人々を呼び寄せられると、彼らはそばに集まってきた。」（マルコ3・13）

イエスが一二使徒を選定するくだりである。テレーズはここに、自分が今日まで歩んで来た道が示されていると思う。

「このみことばにこそ、私の召命と私の全生涯の神秘、ことにイエス様が私に与えてくださった特別の慈しみの神秘が示されています。主はりっぱな人ではなく、お望みの人をお呼び寄せになります。聖パウロも、このことを強調しました。『神はモーセに、〈私は、自分があわれもうと思う者を慈しむ〉と言っておられます。したがって、これは人の意志や努力ではなく、神のあわれみによるものです』。」（ローマ9・15〜16）

創造主の慈しみ

神がすべての人を例外なく慈しまれるのであれば、なぜ、一方ではパウロやアウグスティヌスのように、回心の恵みをあふれるほどに注がれた人々がおり、他方では一度も神のみ名を聞くこともなく生涯を終える人々がいるのか。

テレーズはこの答えを、自然界から汲みとる。創造主の手になる花々は、どれもみな美しい。薔薇《ばら》の輝くような美しさや百合の清らかさは、小さな野のすみれの香りやひなげしのあどけなさを損ないはしない。すべての花が華やかな薔薇になろうとするなら、自然界の装いは調和を失うであろう。人目を奪う豪華な花も、道端にひっそりと咲く花も、それぞれが神の創造のみわざに応えているのである。どうして、個々の優劣を評価できよう。あるがままの自分でありさえすれば、各自は固有の美しさに輝く。聖性とは、「神が望まれるままの自分であること」にほかならない。

書きすすむうちに、テレーズの思いはいっそう深まっていく。神の恵みは素朴な人のうちにも、偉大な人においても同じように現れる。弱々しい泣き声をあげることしかできないみどり児の心にも、良心に従って生活する人の心にも、神はおられるのである。

「このような人たちこそ、その単純さによって主のみ心を奪う野の花々なのです。神様は、ちょうど太陽の光が杉の大木と同時に小さな花の一つひとつを、この地上にはその花しかないように照らしだすのと同じように、私たちの一人ひとりを、まるでその人しかこの世にいないかのように、心を込めて配慮してくださいます。その上、たとえば自然界ではいちばんささやかなひなげしも、定められた時期に花を開くことができるように、四季を配置されました。このように、すべては私たち一人ひとりのため、万事がよく計らわれているのです。」（『原稿A』）

テレーズの言葉は、使徒パウロの断言を彷彿とさせる。

「神を愛する者たち、つまりご計画に従って召された者たちには、万事が益となるように共に働くということを、私は知っています。」（ローマ8・28）

テレーズにとってまとまった時間といえば、一日に二時間しかない。昼食後の一時間と、夜の八時から九時まで。しかも、唯一のこの自由時間が姉妹たちから依頼される奉仕に費やされてしまう。このようなことがしばしばであることに、テレーズは驚かなかった。第一、姉たちのほかに、テレーズが自叙伝めいたものを書いているのに気づく者はだれもいないのである。テレーズはあせらず、神のみことばに照らされて、思いに浮かぶままを書きつづる。

愛する母の死、姉たちのカルメル会入会、幼い自分を襲った奇怪な病気、聖母のほほえみによる快癒、小心から来る苦しみ、父の病苦、憧れのカルメル入会にあたって乗り越えなければならなかった試練のかずかず……そのすべては、神のあわれみのみわざにほかならないことをあらためて思う。

院長の命令によって始めた執筆は、一年後に終わる。六冊の粗末なノートに細かい字で書かれたこの思い出の記を、テレーズは一月二一日、ポリーヌ院長の保護の聖女アグネスの祝日に手渡した。ところが、ポリーヌは院長の任期三年の終わりを迎えるところだったので多忙をきわめ、せっかくのノートを一頁も開かぬまま、机のなかにしまい込んでしまう。テレーズは何事もなかったように、ノートについては一言も口にせず、日常の生活を続ける。

III　死を予感しつつ

新たな上昇

愛の殉教

テレーズが自叙伝を書き始めてから五か月後の一八九六年六月九日は、三位一体の神秘を祝う日であった。ミサ中、テレーズは「主がどれほど愛されたいと望んでおられるかを、かつてないほどに悟る恵み」（『原稿A』）を注がれる。テレーズにとって、この熾烈《しれつ》な光は新たな上昇の出発点となった。

神が先に、愛してくださった、この驚くべき無償の愛に応えるには、神に愛されるままに自らを明けわたし、ゆだねきる以外に何ができるというのであろう。貧しく小さい者をいとおしみ、ご自身のすべてを与え尽くしてくださった神のあわれみ深い愛は、あまりにも知られていない。奔流のように注がれる神の愛に、テレーズはいけにえとして自らを残りなく奉献するように、との内的な促しを感じる。

もう数か月も前から、神のあわれみの愛はテレーズの心に浸透し、その輝きを増しつつあった。さわやかな初夏の朝、すべてを照らし包むのは神のあわれみの愛の太陽である。テレーズは心にあふれる思いを、神に捧げずにはいられない。

「神様、あなたはあふれるばかりに、あわれみの愛を人々の心に注ぎたいと望んでおられますのに、彼らの心はあなたの腕のなかに飛び込んで無限の愛をいただくかわりに、被造物のほうに向き、幸福とみじめな愛情を求めるのです。……もし、あなたが、愛に焼き尽くされるいけにえとして自分を捧げる魂を見いだされるなら、すみやかにその魂を焼き尽くしてしまわれると、私には思われるのです。そして、無限の慈しみの潮を、もう押さえずにすむのではないでしょうか。……おお、私のイエス様、私こそ、この幸いないけにえでありますように、どうぞ、神であるあなたの愛の火で、あなたのいけにえを焼き尽くしてくださいませ。」

ミサが終わるとすぐ、テレーズは『奉献の祈り』をしたためた。そして三日後、セリーヌとともに、神のあわれみの愛への自己奉献を行う。

この行為が、テレーズ独自の霊性を表すものであり、テレーズが発見した小さい道の、いわば完成ともみなされる点について、説明を加えなければならない。奉献の祈りに明らかなのは、愛の火による完全燃焼である。テレーズは、神が自分を愛で焼き尽くし、神のうちにせきとめられている限りない慈しみの波を自分の魂にみなぎらせ、ついには愛の殉教者となって、愛で死ぬ恵みを熱望している。

ところで、この「愛による殉教」の望みは今始まったことではなく、すでに一年前からテレーズのうちに芽生えていたことに、注目しなければならない。一八九四年はフランスにとって殉教者ジャンヌ＝ダルクの年とされ、国を挙げてこの英雄的女性をほめたたえていた。一月二一日は院長ポリーヌの祝い日であるが、この年、テレーズはこの聖なる殉教者を主題とする脚本をものし、演出も手がけたばかりか、自ら主人公を演じて修団の大喝采を浴びている。わけても、ジャンヌ＝ダルクの叫びは真に迫っていて、観衆を感動の渦に巻き込まずにはおかなかった。というのも、ジャンヌ＝ダルクの叫びはテレーズ自身の魂の叫びであり、テレーズはこの殉教者の生き方を完全に自分のものにしていたからである。

炎に包まれていくジャンヌの最期の叫びは、『愛への自己奉献』の序曲である。

「主よ、あなたの愛のために、私は殉教を引き受けます。死の火も恐れません。イエスよ、あなたのみを喘《あえ》ぎ求めます。私が熱望するのは、あなたを仰ぎ見ること。あなたの愛のゆえに死ぬ、それ以外には何も望みません。
死にたい！　生き始めるために！
死にたい！　イエス、あなたと一つになるために！」

解放と自由の体験

『神のあわれみの愛への自己奉献』は、「小さい道」のいわば結論とも言える祈りである。象徴的な表現は違う。「小さい道」を説明するために、テレーズは「砂粒、山、幼子、エレベーター、抱いて運ばれる」などのイメージを用いている。しかし、『奉献の祈り』には「腕」を除くと、同じイメージは見られない。しかも、この「腕」はもはやテレーズを運ぶためではなく、テレーズを迎え入れるためにさし伸べられるのである。自分の無力を徹底的に思い知らされているテレーズは、神ご自身がテレーズの聖性になってくださるように、信頼とゆだねの心で祈る。

「ただひたすらに主を喜ばせ、人々に終わりなく主を愛させることだけを目ざして、主の愛のためだけ働こうと望んでおります。いのちの夕べに、私は空の手で主のみ前にでることでしょう。私のわざをお数えにならないでください。」

このように願うのは、「主は一瞬のうちに、テレーズをみ前にでるのにふさわしい者に変えることがおできになる」と信じているからである。

テレーズはこの奉献を、「永遠に顔と顔を合わせて主と愛を語り合うことができる日まで、心臓の鼓動に合わせて、何度も何度も繰り返したい」と切に願う。

テレーズはこの自己奉献の後、ジャンセニズムの後遺症や、あらゆる小心と恐れから解放される。その頃、サイゴン（当時のフランス領ヴェトナム）にカルメル修道院を創設するためテレーズをも派遣する話が持ち上がっていた。テレーズはすでに自分の健康が損なわれ始めているのに気づいていたが、ただ神のみ心だけが実現すればよいのであって、自分の望みや好みは全く無視されてよい。

「間違いなく確かなこと、それは神のあわれみがつねに自分から離れることがない」という一事であった。

六月一四日、金曜日、テレーズは「十字架の道行き」を始めたとき、突然、神への愛に燃え、存在のすべてが火中に投じられたように感じる。かつてなかったこの体験を、テレーズは自分の奉献がイエスの心にかなったことの「しるし」であると受けとめた。

この神秘現象を体験した後、テレーズは姉のマリーや、自分の指導下にある修練女たちを愛への奉献に誘っている。しかし、この点でテレーズは慎重であった。

奉献は、ただ奉献の祈りを唱えただけで終わるものではない。日々の生活のなかで具体的に完遂されなければならない献身である。一時的な慰めや甘い感情を味わうどころか、あらゆる苦しみに自分をゆだねることを意味する。とは言っても、「愛による殉教」は何か異常な苦しみをあえて望むことではなく、苦行に身をゆだねる行為を指すのでもない。テレーズはすでに入会して間もなく、この種の苦行が美名に隠れて自己満足を養うことになりかねない危険を看破していた。修道女たちの苦行にならい、鉄製の小さな十字架を身につけただけで、病気になってしまったことがある。この苦い経験から、テレーズは「寛容ではあるが聡明とは言えない修道女たち」の陥りがちな過ちに警告を発している。分に過ぎたことをやるとき、健康を害するばかりか、業務を果たすのを妨げる結果を招いてしまう。このようなことが神の意にかなうはずはないと、テレーズは信じて疑わなか

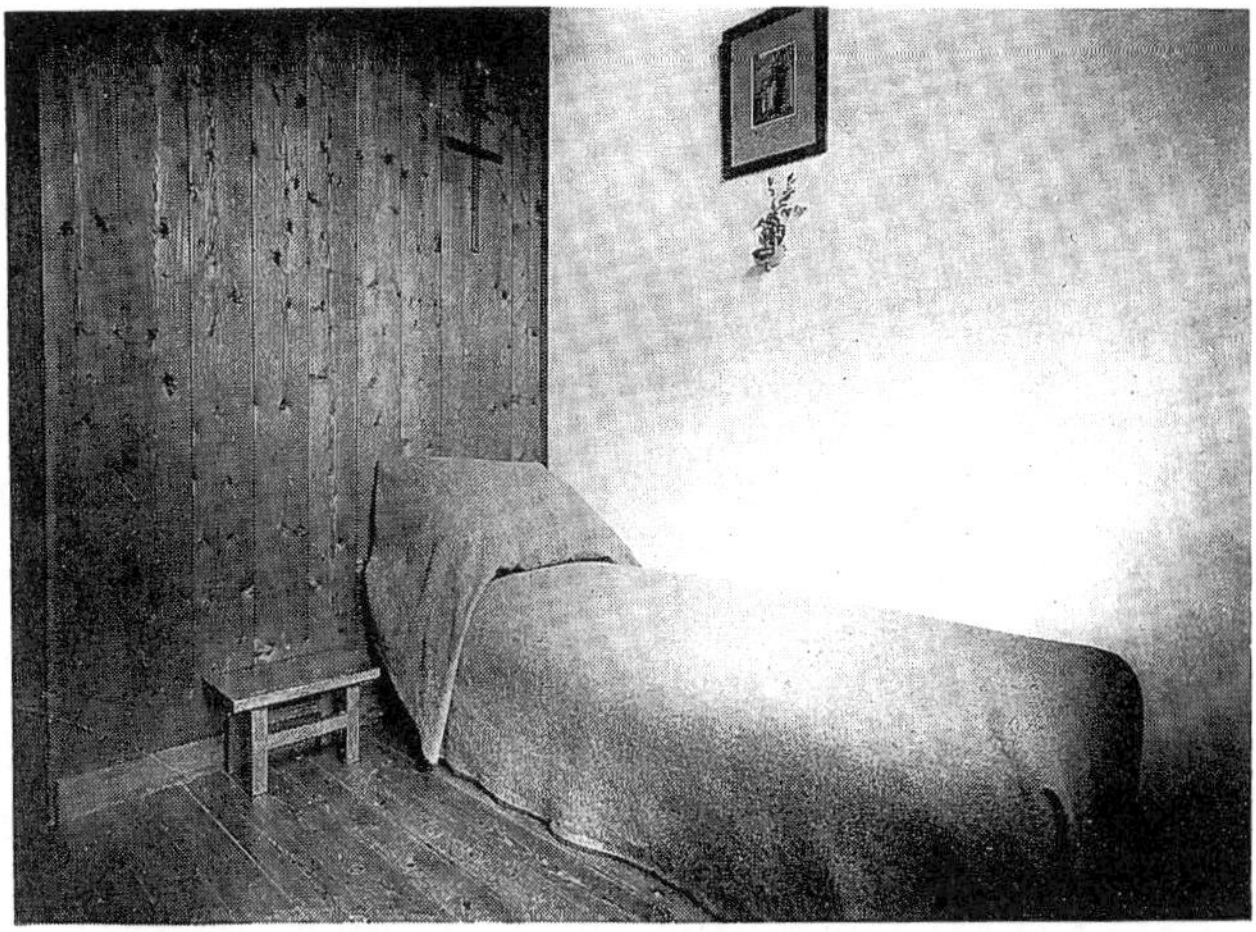

テレーズの寝室

った。

まだ償いの霊性が華やかであった時代に、苦行に潜む高慢に着目し、福音書が描く幼子にならうことによって、この誘惑を退けたテレーズの生き方は、まさしく聖霊の導きによるものであった。自力で勝利を獲得する英雄の道を早くから放棄し、テレーズのうちに神ご自身が勝利をかちえられるように、幼子となる道を選んだのである。

「神様、すべてをなさるのはあなたです」。この姿勢をテレーズは貫きとおした。

「価値あるものは愛だけです」

教会の伝統的考えによれば、修道生活自体が殉教に代わるものである。カルメル会の生活は厳しいものであったから、会固有の日課を遵守するだけで、イエスの受難と死にあずかりたいとの渇望は十分に満たされる。ただし、価値あるものは戒律そのものではなく、一点一画をもおろそかにせず誠実に守りぬく愛なのである。

何かを実行する場合、それが困難であっても容易であっても、問題ではない。あるいは、それ自体どうでもよいことなのか、重大なことなのか、これも行為の価値基準にはならない。ただ、どれほどの愛を込めてなしたかによって、価値が計られる。

テレーズはこの愛の価値について、修練女たちに倦むことなく教え続けた。これこそ人目に立たず、ただ神のまなざしの下でのみ行われる自我の死の絶えざる実践である。これにまさる苦行はない。

テレーズ自身、この勧告を些事にいたるまで、どれほど誠実に実行したことであろう。

権威的であったマリー＝ド＝ゴンザグ院長は気まぐれな性格もあって、毎日のように規則や注意事項をふやしていったが、週末にはそれがうやむやになる。共同体はこれを十分に心得ていて、真面目に受けとる者がいないほどであった。しかし、テレーズだけは、命令を与えた当の院長が忘れてしまっても、反対の命令が下されるまでは忠実に守り続けるのであった。

ノルマンディーの冬は湿度が高く、厳しい寒気が続く。虚弱体質であったテレーズは「寒さで死ぬほど苦しむ」。薄い毛布に身を包んで寒さに震えながら、ほとんど一睡もせずに一夜を過ごすこともまれではなかった。このようにして、テレーズは一言のつらさも口にせず、九回の冬を耐えたのである。

会則であるといって、伝統を守ることのみに重きを置き、地域の気候や各自の体質を考慮に入れないのは神を試みることであり、良識にも反する。テレーズが遠慮がちにこの考えを長上に申し述べたとき、当人はすでに重病の床にあった。勧告は直ちに受け入れられたが、病人にとってはもはや必要のないことであり、テレーズはこれを承知で、他の修道女たちのため、またカルメル会のために告げたのである。

テレーズは修練女たちに、「いかにも寒そうに体をかがめて歩いたり、手をこすり合わせたりすべきではない」と忠告したが、自分は人知れずこれ以上のことを実践している。冬のあいだ、ケープで手を覆うことをしない。凍傷に悩まされていたにもかかわらず、両手をむきだしにしたまま膝の上に置いている。戸外は石も割れんばかりに凍てついていたが、室内には暖房がない。見かねたセリーヌが注意を促すと、妹はかすかにほほえんだだけであった。

日常の困難や苦しみから逃避せず、全く無抵抗にそのまま受け入れる。来る日も来る日も、死の時まで。不断に繰り返されるささやかな事柄を、誠実に、愛を込めて全うする以上の苦行はない。それが人目につかず、第三者から評価されない場合、つらさは倍加する。テレーズは経験によって、これを熟知していた。

テレーズは病床で激しい苦痛に苛《さいな》まれていたとき、一修道女が皮肉を込めて批判するのを耳にする。「なぜ、テレーズを聖人呼ばわりするのでしょう。たしかに徳はありますが、それは辱めや苦しみによって鍛えられたものではありませんのに。」

ちょうど死の三か月前、テレーズはこう記したばかりであった。

「おお、神様、苦しみが内的であればあるほど、人の目から隠されていればいるほど、あなたのみ心をお喜ばせします。」(『原稿C』)

テレーズは、はからずも耳にした評価を心底から喜び、自分はその言葉にふさわしい者であると信じた。期せずして、自ら書いたことの真実を証ししたのである。

相互愛の掟

テレーズは病床で最後の手記(『原稿C』)をしたためたが、その一部は愛の実践についてである。

主は最後の晩餐の席で、愛する弟子たちに遺言として「新しい掟」を与えられた。

「互いに愛し合いなさい。

私があなたがたを愛したように、互いに愛し合いなさい。」(ヨハネ13・34)

テレーズはイエスがもはや、「隣人を自分と同じように愛しなさい」とは言われず、イエス自身が人々を愛するように、しかも世の終わりまで愛されるであろうように愛し合いなさい、と命じたことに感動する。主は決して不可能なことを命じられない。そうであれば、テレーズの弱さ、不完全さをご存知の上で、この掟を授けられたのであるから、テレーズのうちにあって人々を愛されるのは、イエスご自身にほかならないことを悟る。

「私が親切なときには、イエス様お一人が私のうちで働いていらっしゃることを感じます。イエス様に一致すればするほど、私はもっと、みなを愛するようになります。」

テレーズはこの体験をとおして、「イエスがどのように弟子たちを愛されたかを探求する」。その結果、「真の愛は隣人の欠点に耐え、その弱点に驚かず、どんなわずかな徳からも学びとる」ことにあると気づく。「言葉や態度で周囲を不愉快にする修道女には、だれもあえて近づこうとしない。ところが、自分を開こうとしないこのような人こそ、真の愛を必要としているのである。一つのほほえみ、優しい態度、親切なひとことが、傷ついている心をどれほど慰め、力づけることか。たとえ、愛のわざが冷たくあしらわれることがあっても、失望してはならない。真実の愛はいつか相手にかよう時が訪れることを信じ、祈り、受ける苦しみを恵みと見なして、恩人に対するように接しなければならない。……」

テレーズが福音書から倦むことなく汲みとった愛の実践は、対人関係の些細な点にまでおよんだ。だれもが、自分こそテレーズにもっとも愛されていると信じている。そればかりか、テレーズにとって重い負担である修道女が、「私はテレーズをほんとうに幸せにしてあげた」と誇るのである。テレーズがポリーヌに打ち明けた言葉は、まさしく真実であった。

「愛はこの世のなかのすべてです。
私たちは愛を実践する度合いに応じて、神様をお愛しするのです。」

発病と死の予感

健康そのものに見えるテレーズが、朝夕に発熱し、咽喉の痛みと胸苦しさを覚えるようになったのは、一八九四年頃からである。執拗な咳で声もしゃがれてきたので、面会に来た叔母のゲラン夫人は心配し、婿にあたるフランシス＝ラ＝ネール博士の診察を受けさせようとした。姉たちとて同じ思いではあったが、カルメル修道院の主治医はド＝コルニエール博士である。マリー＝ド＝ゴンザグ家の友人であった彼は、数年前から修道女たちを無料で診察していたから、ポリーヌは思いあぐんだすえ、前院長との軋轢《あつれき》を避けるために、従兄弟には薬品を届けてもらうだけにした。

テレーズは幼年時代から呼吸器が弱い。湿度の高いオルビケ河岸の気候と、一九世紀末の厳しいカルメル会の会則を考えただけでも、テレーズの発病の条件はそろっていたと言える。

家族たちの心配をよそに、テレーズはいたって明るく元気そうに見えたし、当人が自分の病気を全く意に介していなかったから、修道院では姉たちを除いて発病に気づく者はいなかった。しかし、テレーズは三年後に迫った死期を、このときすでに予感していたと思われる。二か月後に入会をひかえていたセリーヌがテレーズの容態を聞き知って、大事にするように書き送った翌日、次の返事をしたためている。

「心配なさらないでください。私は病気どころか、鉄のような健康に恵まれ、ぴんぴんしています。でも、神様は鉄をも土器のように砕くことがおできになります。」（手紙一四六）

この謎めいた終わりの言葉と、数行前にある次の言葉とを考え合わせながら、セリーヌは妹の真意を摑みかねたであろう。

「イエス様は、私たちの一人を迎えにいらっしゃるでしょう。」

同じ頃、テレーズはピション神父に詩を贈った。

主よ　あなたを賛美するために　間もなく飛び立って行きます
終わりない日が　私の上に輝いたら
天使と共に　永遠の今日を歌いましょう

一〇月に入ると、従姉妹のマリー＝ゲランは面会室で会ったテレーズの声が気がかりで、フランシスに相談した結果をカルメル会に伝えている。呼吸器の専門家であるフランシスは、「徹底的な治療が絶対に必要だ」と判断した。今のうちに適当な治療を継続しないなら、とりかえしがつかなくなるとも警告したが、修道院側では姉たちでさえ、事の重大さに思いいたらなかったと見える。

一八九五年の一月にジャンヌ＝ダルクを演じたあとで、テレーズは一編の詩を作った。『愛に生きる』と題するこの詩は、後に多くの人々に愛唱されるが、ここにテレーズの秘められた渇きが読み込まれているのである。

詩『愛に生きる』

私は感じる……この地上の旅路がほどなく終わることを
愛の炎よ　絶え間なく私を燃やし　焼き尽くしてください
おお　イエスよ　愛に死ぬ　この夢をかなえてください
愛に死ぬ　これこそ私のせつなる希望……
おお　イエスよ　愛に生きる
これこそ私の天国　私の使命

同じ月、テレーズは一修道女に、「私はもうすぐ死ぬでしょう」と打ち明ける。「けれどもその頃、テレーズはいかにも健康そうに見えた」ので、この修道女は真剣に受けとめなかった。周囲がどのように判断しようと、テレーズ自身は回復の見込みのないことを直感していたに違いない。

この時期、テレーズは神のあわれみに自己を奉献し、神との新たな出会いに心を奪われていた。六月の神秘的な神体験を追想するたびに、テレーズの思いは高揚する。

ジャンヌ＝ダルクに扮したテレーズ

「主よ、あなたはどのような恵みの大河、いいえ、大海が私の魂に押しよせたかをご存知でいらっしゃいます。ああ！　この幸いな日以来、愛は私のうちに浸透し、私を取りかこみ、一瞬ごとに私を新たにし、魂を清め、少しの罪の跡さえ残さないように思われます。」（『原稿A』）

「苦しみも死も望みません。とは言っても、両方を愛してはおりますが、私を引きつけるのは、ただ愛だけです。神様へのゆだね、これだけが私の案内者で、ほかの羅針盤はありません。そして、被造物からはなんの妨げも受けず、神様のみ心が私の上に実現すること、それ以外には、もう何も情熱を込めて願うことはありません。」（『原稿A』）

おお　あなたをお愛しするため
千の心をお与えください
それでも　まだ足りません

至高の美、イエス！
あなたをお愛しするため
あなたのみ心を私にお与えください（詩二一）

「私の天職、それは愛です」

「かすかな優しいささやき」

冬が去り、一八九六年の四旬節がめぐってきた。復活祭に備えることの四〇日間、全教会はイエスの受難と死に思いを寄せ、復活の神秘により深くあずかりたいと願って回心に励む。キリスト者にとって、苦しみと死自体は目的ではなく、キリストの復活のいのちに変容されるための過程、通らなければならない道である。したがって、四旬節はその目標から推しても、アウグスティヌスの言うように、「徹頭徹尾、内面の喜びに向けなければならない。」しかし、罪の償いを目ざす苦行や断食を重んじる傾向はいつの時代にもあって、とくに修道者たちには厳しくこの義務が課せられた。

テレーズの時代のカルメル会でも、この期間中、古代教会と東方教会の古い慣習にしたがって、食事は一日に一回、年間をとおして質素な食事のなかから、さらに卵と乳製品を除いた少量を採るだけである。これに、苦行と一日一八時間の日課が伴う。

テレーズは割合元気に四旬節を過ごしたが、復活祭を三日後にひかえた聖木曜日の深夜、喀血した。この夜の出来事の描写は、どのような作家も想いおよばない高貴な、透明な、光に満ちた魂の記録である。

「ま夜中まで聖堂にとどまったあと、修堂に戻りましたが、頭を枕につけたかと思うまもなく、何か潮のようなものが込みあげてきて、泡立ちながら唇まで上がってくるのを感じました。私には、それがなんであるかわかりませんでしたが、もしかすると死ぬのかもしれないと思って、喜びに満たされました。けれども、ランプはもう消してありましたので、私の幸福を確かめるのは朝まで待たなければならない、と自分に言い聞かせました。と申しますのは、血を吐いたような気がしたからでございます。待つほどもなく朝となり、目が覚めるとすぐに、何かうれしい知らせがあると思って窓に近づいてみますと、はたして私の思ったとおりであることがわかりました。ああ、私は大きな慰めに満たされました。これはたしかに、イエス様がご自分のご死去の記念日に、最初のお招きを聞かせてくださったに違いないと、心の底から思いました。それはちょうど、遠くから天の花婿の訪れを告げるかすかな、優しいささやきのようでした。」

（『原稿C』）

病状の悪化

この夜、「イエス様から、まもなく天国でお目にかかれるという希望を与えられて、甘美な喜びに満たされた」テレーズは、こともなげにこれを院長に報告し、何一つ規則の免除を願わなかった。そればかりか、聖金曜日の、ことのほか厳しい苦行を「かつて覚えなかったここちよさを味わいながら」果たすのである。パンと水しか採らず、長時間にわたって聖務日課を共唱し、院内の大掃除をすませたあとは、脚立に上がって冷えきった回廊の窓ガラスを磨く。修練女の一人三位一体のマリーが、やつれて蒼白なテレーズの顔に驚き、ガラス磨きを替わらせてほしいと泣いて嘆願したが、きっぱりと断られる。夕方には規則どおり、詩編五一編を三回唱えるあいだ、体を苦行用の鞭で打った。

長い一日を終え、疲労しきって修室に戻ったテレーズは、再び喀血する。この報告を受けたマリー＝ド＝ゴンザグ院長と看護係は心配し、フランシス＝ド＝ネール博士に往診を願った。不思議なことに、フランシスは二年前すでに事の重大さを予告していたにもかかわらず、喀血にはあまり重きを置かなかったようである。テレーズの喀血と医師の往診をポリーヌが知ったのは、一年後のことであるが、ずっとあとになって、ポリーヌは妹が十分な診察を受けなかったと述懐している。というのも、テレーズは病床に就いていたのではなかったから、フランシスは格子に取りつけられた小さい窓から首をつっこんで、厚い修道服を着たままのテレーズに聴診器を当てることしか許されなかった。他方、テレーズ自身はおそらく、喀血の様子を十分に説明しなかったのであろう。とにかく、喉のための散薬と水薬が処方され、それで症状はおさまったかに見えた。この夏、テレーズは執拗な乾いた咳に悩まされ続ける。この間、ド＝コルニエール博士の簡単な問診を受けた。面会室で、ひと目テレーズを見た博士は、「いい顔色だ。今のところ心配はない」と言って、栄養を採

修道院にて　左からマリー＝ド＝ゴンザグ，セリーヌ，マリー，ポリーヌ，テレーズ。1894年

ることと、胸部の苦痛を緩和するため皮膚の焼灼《しょうしゃく》を命じている。結核はすでにテレーズの両肺を侵し、喉頭にまで浸潤しつつあったが、一九世紀の半ばに、フランスの一地方まで新しい治療法がおよぶはずもなかった。相変わらず快活なテレーズの心身に起こりつつあったことを知る者は一人もなく、時が過ぎていく。

信仰の恐ろしい闇

テレーズがイエスの訪れの近いことを想い、喜びと慰めにあふれて復活節を祝っていたとき、突然、輝く太陽は姿を消した。信仰の恐ろしい闇、一条の光も見えない暗黒の夜がテレーズを包む。ずっと心のなかにあった果てしない希望、「小さい道」、あわれみの愛に自己を奉献したこと、そして自分が生きてきた信仰生活のすべてがむなしく、錯覚にすぎないものに思えてくる。明らかなのは、日ごとに迫ってくる死、それすらなんの意味も持たない。テレーズは恐ろしいささやきを心のなかに聞く。

「イエス様は私の魂が言い表せないほどの暗闇に包まれ、あれほど甘美であった天国の思いが、もはや戦いと苦悩の種でしかなくなることをお許しになったのです。

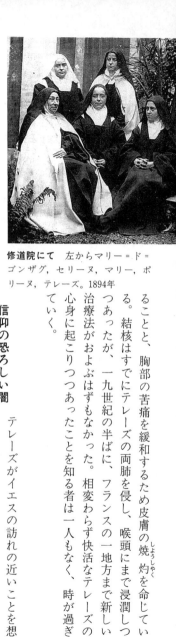

闇にとりかこまれて疲れきった心を、あの慕わしい、光り輝く天国の思いによって休ませようとしますと、私の苦悩は倍加します。暗闇は罪びとたちの声をかりて、私を嘲りながら言っているようです。『おまえは光を……この上なく甘美な香りに満ちたふるさとを夢見ている。おまえはこれからすべてのものの創造主を永遠に所有できると夢見、いつかはおまえをとり囲むこの霧のなかから出られると思っている。さあ、進め、進め。喜んで死ぬがいい。だが、死はおまえの希望しているものを与えてはくれまい。それどころか、もっともっと深い淵、虚無の闇におまえを突き落とすだろうよ。』」（『原稿C』）

テレーズはここでペンをおく。たとえ千の言葉を連ねても、自分の味わってる苦悩を適切に表現することはできないであろう。それどころか、ありのままを描写するなら、神をけがすことになりかねないとテレーズは恐れたのであった。

この底知れない闇の試練は、テレーズが死の床につくまで隠されたままであった。テレーズがこれをマリー＝ド＝ゴンザグ院長に語ったのは、一年三か月もたってからである。ポリーヌには言葉少なに、「激しい唯物論者たちの攻撃が、私の思いのなかに襲いかかってきます」、と打ち明けている。当時、叔父のイジドル＝ゲランは新聞記者として、カトリック学校の発展を抑圧しようとする反教会派と論戦を交えていた。閉域のなかにいても、テレーズは時代の問題に無関心ではなく、ただ、いのちを賭けて彼らのために祈っている。

テレーズがこの時期に作った詩はいかにも明るく、天国の希望と信仰の喜びに輝いているかに見える。しかし、テレーズは「信じたいと思うことをそのまま歌っている」にすぎなかった。神と自分を隔てるのは信仰のヴェールどころか、「天にまでそそり立つ壁、星空を覆いつくす壁」である。隠されている試練の影をかいま見せる詩と言えば、次の一編であろう。

なんの支えもなく　なんの明りもなく
暗闇を横切りながら　愛に燃え尽くされていく
私の信仰を深めるために　神は隠れようとしておられる

孤独の淵で

テレーズはこの試練に打ちのめされるまで、無神論者がじっさいにいると聞かされても、彼らは自分の思いに反することをあえて口にしている、と無邪気に信じていた。また、信仰を持たない人々、信仰者になりたいと願いながら神を信じることができないでいる人々の苦しみも、理解することができなかった。

しかし今、信仰の闇のなかを手さぐりで歩き続けるテレーズは、このような人々との深い連帯を感じる。彼らと「この悩みのパンを共に味わいたい」と願う。もはや、彼らの「ため」にではなく、彼らの「仲間の一人」として、神不在の暗夜のなかから神に向かって叫び、そのあわれみに寄りすがるのである。

ずっとあとになって、セリーヌはこの時期に、妹が嘆息しながら洩らした言葉の重大さに気づく。対話が許されている時間に、セリーヌがはしゃいでしゃべったり、些細なことに不平をこぼすのを聞いて、テレーズはこう言ったのである。

「おお、わかってくれたら！　わかってくれたら！　おお、たった五分間でも、今の私が苦しんでいる試練をあなたが通らなければならないとしたら！」

恐ろしい試練と闘わなければならなかったテレーズが、自分の苦悩を分かち合ってくれる人に渇いていたことがうかがわれる。しかし、姉たちでさえ、妹のほほえみと平静さの奥に隠されている孤独の淵を覗《のぞ》き見ることはできなかった。

「小さい道」の保証

五月一〇日に、テレーズはある夢を見る。イエスのアンナと呼ばれる修道女がテレーズにほほえみかけた。一六世紀にスペインでアビラのテレサの相談相手となり、ベルギーとフランスにカルメル会を創設した人である。天上的な光に包まれて、愛情深く見つめるまなざしを仰ぎながら、テレーズは大胆に尋ねた。

「お願いですから、おっしゃってくださいませ。神様は、私を長いあいだ地上にお残しになるでしょうか。それとも、もうすぐ呼びにいらっしゃるでしょうか。」「もうすぐ……もうすぐです。それを約束します。」テレーズは言葉を続ける。「神様は私にご満足でいらっしゃいますか」と。
「神様はあなたに、今以上のことは何もお求めになりません。ご満足です。たいそうご満足でおられます。」

イエスのアンナ修女の返事は、テレーズの心を喜びと信頼で満たした。天国がたしかにあるということ、そこにはテレーズをわが子のように慈しむ人々が大勢いることをテレーズは信じ、また感じたのである。つかの間の閃光ではあったが、この夢はテレーズの希望をゆるぎないものとした。

九月に入ると、テレーズは慣例にしたがい、個人で黙想の日々を過ごした。共同体の生活から離れて、祈りに没入する恵みの時である。この直後に、長姉のマリーが「最後のものとなるかもしれない黙想」の思い出を書いてほしいと願う。テレーズは快くこれに応じ、姉の質問にも答えるために二回にわたって手紙をしたためる。八頁にぎっしり書きつづられたこの手記は、後に『原稿B』と呼ばれるようになるが、現在も神秘神学の最高峰に位する著作の一つに数えられている。

手記の冒頭に記されているのが、先に挙げたイエスのアンナ修女の夢で、この思いがけない夢のなかにテレーズは神からのしるし、つまり自分の「小さい道」がまちがっていないとの保証を読みとった。「神のみ前に、小さく貧しいままにとどまること。人の目には取るに足りない小さな行為であっても、愛を込めてできる限りを尽くすなら、自力ではえられないすべてを神は与えてくださる。」この信頼と希望を神はよみしておられると、テレーズは確信することができたのである。

無限の望み

自らの貧しさと小ささに徹すると同時に、テレーズの内心には「無限の望み」が宇宙的な広がりと深まりを増していった。神の愛をあらゆる人々の心に点じるには、もはやカルメル会の修道女としての使命を全うするだけでは満足できない。福音を告げるために全世界を駆けめぐりたい、世の終わりまで宣教師でありたい、司祭となってミサを捧げ、人々にイエスをもたらしたい、イエスの名のためにあらゆる拷問を受け、最後の血の一滴まで流し尽くしたい……。限られた現実と、果てしない望みをどのように一致させるうるのであろう。テレーズは憧れに胸を焼かれながら、イエスに問いかける。

「私の狂気じみた望みになんとお答えになりますか。私よりも小さく無力な者がどこにいるのでしょう。けれども、私が弱い者であればこそ、この望みをかなえてくださると知っています。」

テレーズは答えを聖書のなかに探すうち、使徒パウロのコリントの教会に宛てた手紙、一二章が目に入る。

「神は教会のなかに、いろいろな人をお立てになった。使徒、預言者、教師など。しかし、みなが使徒であり、預言者であり、教師であることはできない。」(12・27〜30参照)

テレーズはここで失望しなかった。なおも言葉を追い続ける。「そこで、私はあなたがたに最高の道を教えます」とパウロは言い、ついに、テレーズは『愛の賛歌』へと導かれたのである。

「たとえ、人々の異言、天使たちの異言を語ろうとも、愛がなければ、私はさわがしいどら、やかましいシンバル。たとえ、預言する賜物をもち、あらゆる神秘とあらゆる知識に通じていようとも、たとえ、山を動かすほどの完全な信仰をもっていようとも、愛がなければ、無に等しい。全財産を貧しい人々のために使い尽くそうとも、誇ろうとしてわが身を死に引き渡そうとも、愛がなければ、私になんの益もない。」(13・1〜3参照)

「私は教会のなかで愛となりましょう」

愛が、テレーズの使命に鍵を与えた。教会が異なった肢体から成っているなら、最も重要で不可欠の心臓があるに違いない。この心臓は愛に燃え続けている。教会の肢体を動かしているのは愛であって、万が一、愛が消えるようなことがあれば、使徒は福音を宣べるのをやめ、殉教者はキリストの復活を証しするために生命をなげうつのを拒むであろう。

「私は悟ったのです。愛は、ありとあらゆる使命を含み、愛はすべてであり、愛はあらゆる時代、あらゆる場所を包含することを！　愛は永遠なのです！

そこで、私は狂うほどの喜びにとらえられて叫びました。おお、イエス、私の愛よ。私の天職、ついにそれを見つけました。私の天職、それは愛です。そうです。私は教会のなかに、自分の場を見いだしました。これを私に与えてくださったのは、あなたです。私の母である教会のなかで、私は愛となりましょう。こうして私はすべてとなり、私の憧れは実現されるでしょう。」

テレーズは希望にあふれ、神のあわれみに自らを「いけにえ」として奉献する。全人類を、全宇宙を包むテレーズの愛はもはや限界を知らない。この大胆さは、「私の弱さ自体にあるのです」とテレーズは言う。幼子のようにすべてを神に期待する者の願いを、神はどうして退けることができようか。弱さと試練のなかで神のあわれみを待望し続ける信頼の姿勢を、テレーズは小鳥にたとえ、祈りに託して語る。

「おお、イエス、愚かなまでのあなたの愛を前にして、私の心があなたのほうに飛翔せずにいられるでしょうか。どうして信頼に限度をもうけることができるでしょう。私は偉大なことをするには、あまりに小さすぎます。……私の愚かさは、あなたの愛が私をいけにえとしてお受けくださると希望することです。

最愛の『鷲』よ、いつの日か、きっとあなたは小鳥を迎えにこられ、愛のかまどに伴ってくださるでしょう。そして、小鳥がいけにえとして身を捧げた愛の燃える淵に、永遠に沈めてくださるでしょう。あなたの慈しみを言い表すことはできません。万が一、私よりももっと弱い、もっと小さい魂をお見つけになることがあれば、その魂が信頼してあなたのあわれみに身をゆだねる限り、

テレーズ　1895年

かならず、さらに豊かな恵みでお満たしになるでしょう。」

長姉は末の妹の崇高な望みをうらやましく思う。自分のふがいなさを嘆くマリーに、神のあわれみはあらゆる人に注がれていて、神が小さい人々を選ばれるのはそのしるしであると、テレーズは答える。殉教の激しい願望などは「取るに足りない」。神のみ心にかなうのは、自分の弱さと貧しさを喜び、ただ神のあわれみに盲目的に信頼しきっていることである。

絶対の信頼

「私たちは弱ければ弱いほど、神様の愛の働きにもっともふさわしい者になれます。ただし、いつまでも弱く、貧しく、無力な者であることを承諾しなければなりません。これが、むずかしいところなのです。」

六年前、まだ修練女であったテレーズは、従姉妹のマリー＝ゲランに宛てて書いたことがある。「完徳に達するには、愛する以外にはありません」（手紙八七）と。自分の努力で愛に到達できるとの自信に裏づけられている様子がうかがわれる。しかし、今、テレーズは自力で乗り越えがたい試練と無力さの苦しい体験をへて、ゆるぎない確信に達した。

「愛に導くのは、信頼、ただ信頼だけです。」

暗い夜に

詩『私の喜び』

一八九七年が明け、テレーズは二四歳の誕生日を迎えた。姉のポリーヌに、自分は今年中に死ぬだろうと言い、一修道士には「私の地上での旅はそう長くはないと思います」と書き送る。

一月二一日に、テレーズはポリーヌの祝いにちなんで、『私の喜び』と題する詩を贈った。この詩に歌われている内容の底知れない深さを読みとるには、同じ日、テレーズが一修道女に打ち明けた言葉を想起する必要がある。

「私は永遠のいのちが信じられません。この世の朽ち果てる生命のあとには、もう何もないように思えます。私にとっては、すべてが消え去りました。私が落ち込んでいる暗闇を言い表す言葉もないのです。私には、もう愛しか残っていません。」

テレーズはこの詩の初めに、地上にはむなしく幸せを探し求めている人々がいるが、自分にとって喜びは心のなかにあり、はかないものではなく永久に所有し続けるものであると、歌う。

青空が暗黒の雲で覆われ
私が見捨てられてしまったようであるとき
私の喜びは　小さく　隠れたままで生きることです
最愛のイエスのお望みをはたすこと
それが　私の喜びです
私は何も恐れずに　進んでいきます
夜も　昼も　どちらも好きです
イエスの存在まで疑うときこそ
私の愛のしるしをふやします

もし、主が長く生きることを望まれるならば、そのように生きたい。もし、主を楽しませることになるなら、主に従って天国に行きたい。そう歌ってから、テレーズは次の言葉で詩を結んでいる。

天のみ国の愛の火が　絶え間なく私を焼き尽くしています
死ぬこと　生きること　それは問題ではありません
イエスよ　私の喜び　それは　あなたをお愛しすること！

目には見えないが、暗い夜のただなかに臨在するイエスこそ、テレーズの唯一の喜びなのである。信仰の過酷な試練の道の途上で、自分が味わう苦しみをすべての兄弟姉妹の幸せのために捧げたいと、テレーズは切に願い続ける。

重篤な病状にありながら

共同体がそれと気づかぬうちに、テレーズの容態は急激に悪化していった。咳と疲労に悩まされながら、テレーズは何事もないかのように院内の仕事に励み、依頼されるままに詩作を続ける。三月にはルーラン神父に宛てて、「私は自分のことを忘れて、人々のために尽くしたいのです。死んでからも、人々の救いのために働きたいのです」としたためる。

四月に入って、重篤な病状が現れた。発熱、執拗な咳、衰弱、消化器の障害、喀血。さすがに労働は免除されたが、それでも寸暇を惜しんで縫い物に精をだし、共同の祈りと休憩時間にも出席している。

五月には、テレーズが養成にあたっていた修練女の最後の一人、従姉妹のマリー＝ゲランが誓願を立てる喜びを味わう。この時を期して、修練長補佐の任務を解かれた。共同の務めも一つまた一つと免除され、テレーズは修室に退いて、手仕事や詩作にあたるようになった。

日一日と自分の体が蝕まれていくのを感じながら、テレーズはまるで死のかなたにいるように、自らの「無」を捧げきって生きている。

詩『むしられたばら』

ばらが修道院の庭を装う五月に、テレーズは一つの詩を作った。パリのカルメル修道院にいるアンリエット修道女の依頼に応じるためである。健康を害して院長職を退いたこの修道女は死を恐れ、すべてに懐疑的であった。リジュのカルメル会に秀でた修道女がいると聞き、おそらく挑戦の意を込めて自ら詩の題を送ったのであろう。しかし、テレーズは優しくこの依頼に応えた。

『むしられたばら』は、「無造作に、気どることなく、全くありのままに、あますところなく自分を捧げ尽くす。苦しみの人イエスの十字架に向かう足元に敷かれて」。とくに最後の二節には、テレーズの透徹した心境が美しく映しだされている。

イエスよ　あなたの愛のために
私は自分のいのちも　前途も　費やし尽くしてしまいました
人の目には　色褪《あ》せ　しぼんでしまったばらのように
私は　死なねばなりません！

あなたのために死ぬ　み子よ　至上の美よ
ああ　なんという幸いでしょう

自分をむしりとりながら　あなたへの愛を証ししたい
私の宝　イエスよ
この世では　ひそかに生きたい
そして　カルワリオへの丘を登るあなたの最後の歩みを
ばらのはなびらで　やわらげたいのです

この詩を受けとったアンリエット修女は満足したが、ただ未完成だと言ってきた。「死のとき、神はこの『むしりとられたばら』のはなびらを拾い集めて、永遠に輝く美しいばらに作りかえてくださる」、という一節を加えるべきだというのである。テレーズはこれに応じなかった。「アンリエット修女は、たりないと思われる部分をご自分でお作りください。私は何もつけ加えません。神様をお喜ばせするために、永遠に摘みとられたままでありたい、ただそれだけです！」

最後の手記『黄色いノート』　ポリーヌがテレーズの病状を知ったのは、五月も終わる頃であった。事の重大さに愕然とした姉は、二年前に手渡されたノートがあったことを思いだす。感動的ではあるが、大半はカルメル会に入会するまでの回顧録であって、修道女になってからの生活についてはごくわずかしか記されていない。ポリーヌは意を固め、院長のマリー＝ド＝ゴンザグに、この続きを書くようテレーズに命じてほしいと願う。また、共同体が聖堂で夜の祈りを共唱するあいだ、付き添う許可ももらった。こうして、病床にあるテレーズの言葉を書きとめた『黄色いノート』が、テレーズの真の姿を後世に正しく伝える貴重な資料の一つとなるのである。

テレーズは院長に宛てて、「この小さな花の幸福をあなたと共に歌いたい」と書き始める。修室の孤独のなかで、ときにはマロニエの並木の木陰で、父の遺品である車椅子に乗ったまま、えんぴつを執る。草を干す修道女たちは、太陽を浴びながら書きものをするテレーズの重い病状には気づかない。次々に話しかけては、テレーズの「仕事」を遅らせる。それでも病人はいつもうれしげで、たのしそうにほほえんでいるのであった。

「罪びとを招くために」

小さいノートも終わりに近い。えんぴつをもつ力さえ尽き果てようとしていた。テレーズは修道生活のはじめに厳しい養成を受けたことを感謝し、「小さい道」を発見した喜び、修練長補佐の務め、最初の喀血、信仰の闇、さまざまな試練について率直に語り続ける。テレーズに神がなさった最も偉大なみわざ、それは「私の小ささ、無力さを示されたことである」と言う。

テレーズはこのなかで、修道生活の具体的な対人関係と日常の出来事を挙げ、愛を実行することがいかに大切であるかを詳述した。ささやかな愛の行為さえ、利己的な自我を否定せずにはできないのである。この苦しい戦いに勝利をえさせるのは、イエス自身の愛にほかならない。これを悟ってから、テレーズは相手を選ばず、どのような機会をも逃さずに、こまやかな愛を尽くすことができたと打ち明ける。

「うれしいことに、主をお愛しすると心は大きく広がり、利己的でなんの実も結ばない愛にこり固まっている心とは比較にならない大きな愛情を、親しい人々に注ぐことができます。」テレーズがこの手記を閉じるのも、神のあわれみの賛美である。

「福音書に目を向けさえすれば、すぐにイエス様のご生活の香りがして、どちらの方向に走ればよいかがわかります。私が飛んでいくのは上席ではなく、末席です。そう、私は感じています。たとえ、私が人間の犯しうるあらゆる罪を犯したとしても、痛悔に心を砕かれて、イエス様のおん腕に身を投じるでしょう。主が立ち戻ってくる放蕩息子を、どれほど慈しまれるかを知っていますから。私が信頼と愛によって主のほうに上がっていくのは、決して、神様があわれみで先回りをして、私を重い罪から守ってくださったからではありません。」

ここまで書いて、テレーズの力は尽き果てた。この続きはテレーズにとって重大な意味を持っていたに違いない。というのも、テレーズの自叙伝を読む者が、「これほどの信頼を神に寄せることができたのは、罪の経験がなかったからだ」と誤解することを予感したからである。このことが気がかりで、テレーズはポリーヌに自分の確信していることを伝えてほしいと、力を込めて願う。

「私が神様にこのように大きな信頼を寄せているのは、重い罪から守られたためと思う人がいるかもしれません。どうぞ、そのような人におっしゃってください。私は、たとえ人が犯しうるあらゆる罪を犯しても、いつも信頼を抱き続け、限りもないほどの罪すら、燃えさかる火のなかに投げ入れられた一滴の水のようにしか感じないでしょう、と。それから、愛の死をとげた痛悔女のことを話してください。」

テレーズをいたく感動させた痛悔女の物語は、『東洋の砂漠の教父伝』（一八二四）に記されている。罪に身をもちくずした娘が一人の聖者にめぐりあい、イエス＝キリストの愛に打たれて回心と償いのわざに励むべく砂漠に退いた。ところが、わずか一時間後に、聖者は娘の魂が天使たちに伴われ、光のなかを天に上っていくのを見たという。神のあわれみと、これに応える罪びとの愛を伝える物語である。

テレーズにとって福音書はすべてであった。「正しい人を招くためではなく、罪びとを招くためにこられた」（マタイ9・13）イエスのせつなる思いを、テレーズは深く受けとめる。父である神の限りないあわれみを世にもたらしたイエスは、人々にただ信頼のみを求めておられる。テレーズは深い確信に促されて、自分の死後、一人でも多くの人にこれが正しく伝えられることを熱望したのである。

不完全さの受諾

テレーズは、人間である限りだれの生活にも過ちがつきものであることを、はっきりと認めていた。しかし、それはテレーズをへりくだらせ、自分の力には頼るまいとの思いを固めるよすがとなる。さらに、「何にもまして、過去の過ちの思い出が自分に語りかけるのは、主のあわれみと愛」なのである。

「愛に浸された信頼を込めて、自分のすべての過ちを神の燃える愛のかまどに投げ込むなら、どうして永遠に燃え尽くされないはずがあろうか。」（手紙二二〇）

いつになっても進歩しない自分を嘆くセリーヌに、テレーズは励ましの言葉を送る。

「イエス様は、セリーヌが貧しければ貧しいほど、あなたをいとおしんでくださるでしょう。ときどき迷子になってしまうことがあっても、どこまでも探しにいってくださいます。」（手紙一八二）

「イエス様は、幾千万の星や大空を創造したことを誇りに思う以上に、セリーヌの魂になさったみわざと、セリーヌの小ささ、貧しさを誇りにしていらっしゃいます。」（手紙二〇五）

三位一体のマリーは、強くなりたいと願っていた。すると、テレーズは優しく諭す。

「一歩ごとにつまずき、転び、また自分の十字架を弱々しく担うことしかできなくとも、この無力さを承諾し、これを愛しなさい。そうすれば、恵みによって英雄的な行為を意気揚々と果たし、自己満足感を満喫するよりも、もっと多くの益をえるでしょう。」

一九世紀の後半、ジャンセニズムが浸透していた教会のなかで、このような言葉が語られたことは、聖霊の導き以外のなにものでもない。同じ神の霊に照らされて、テレーズの純粋な魂は、早くから福音の真髄を把握していた。

神様は正義でおられる、つまり、私たちの弱さを斟酌《しんしゃく》なさり、人間性のもろさを完全に知り尽くしておられる、このことを考えるのは、なんという甘美な喜びであることか。何を恐れることがあろう。これが、テレーズの変わらない確信であった。

絶望の淵に立って

七月に入ると、昼夜を分かたず喀血が続き、高熱、嘔吐、呼吸困難に襲われ、テレーズの衰弱は極度に達する。マットレスに寝かせたまま、階下の病室に移し、テレーズと共に「ほほえみの聖母像」も病床の傍らに運ばれた。幼い自分を生命の危機から救った聖母は、生涯の夕べに再びほほえまれるに違いないと、テレーズは思う。ド＝コルニエール博士はたびたび往診したが、結核は両肺と喉頭から全消化器におよび、もはや対症療法もさしたる効果をもたらさなかった。激痛と窒息の恐怖から、瀕死の病人は思わず叫ぶ。「もし、信仰がなかったら、私は少しもためらわずに自殺したでしょう。」

肉体の苦しみに喘ぎながら、テレーズは相変わらず虚無感と絶望の誘惑に打ちのめされていた。

「私の魂は島流しにされています。天国は私の前に閉ざされたままです。」

このような暗闇の夜に、ときとして神が感じさせる強烈な愛は、一瞬の閃光にすぎない。八月一五日、聖母被昇天の祭日にも、テレーズは「もだえ苦しんでいる」。聖母は地上のいのちを終えると、霊肉共に天に挙げられ、全人類に先がけてみ子イエスの復活の栄光に入れられた。全教会が母であるマリアの栄光を喜び祝っていたが、テレーズの魂は闇のなかにとどまったままである。

「神様が私に、天国はない！ と『思わせよう』としていらっしゃるかのようです。ああ、そうではありません。ほんとうに、これっぽっちも見えないのです。でも、『死後のいのちは不滅』と、心のなかで一生懸命に歌っています。そうでもしなければ、だめになってしまいそう……。」

しかし、心の打ち明け手であるポリーヌでさえ、テレーズの計り知れない孤独の淵に近づくことができないのであった。

「あなたには、おわかりになれない。……神様だけしか！」

体内では日一日と崩壊が進行するのを感じながら、テレーズはこの闇の「トンネル」を、ただ一人で歩んでいかなければならない。

円熟した人格

テレーズは最後の三か月を病室で過ごしたが、燃え尽きていくテレーズの、ありのままの姿と言葉は、いささかも曲げられずに残されることになった。わずか二十数人の修道女しかいない観想修道院に、三人の実姉と一人の従姉妹がいたことは、まれな状況と言わなければならない。病床を離れなかったこの姉たちと、直接病人にかかわった人々の率直なかずかずの証言は貴重である。さらに、姉のポリーヌによる克明な記録『黄色いノート』によって、死を前にしたテレーズの円熟した人格の魅力が浮き彫りにされる。

テレーズはまだ二四歳であった。しかし、はや円熟の域に達している。手記のなかで、マリー＝ド＝ゴンザグ院長に、「あなたは、ある日私に、神様は私の魂を照らして、長い年月にひとしい経験をお与えになったと、ためらわずにおっしゃいました」と書いている。長姉のマリーは一修道士に宛てた手紙で、次のように言うのをはばからなかった。

「テレーズはこんなにわずかなあいだに、長い道程を走り尽くしたのです。……まだ若いのに、円熟しています。テレーズが私たちに語るごくわずかの言葉でも聞かれましたら、愛らしい上に、英和と聖性を感じさせるのがおわかりになるでしょう。」

『原稿C』を読む人はだれでも、個人的体験をつづった単純な文面の奥に、人間の根本問題である愛、霊的指導や教会と宣教に関する深く鋭い洞察力を発見して驚嘆するであろう。後年、神学者や霊性の大家が、貴重な教えをここから汲むのである。

テレーズが心身共に苦悩のどん底にあるとき、従姉妹のマリーがゲラン家に送った手紙は、読む人を驚かせずにはおかない。

快活さとユーモア

「テレーズはいつも同じ心の状態で、いつも同じ快活さにあふれていて、近づく人たちを笑わせています。そして、私たちが死後のことを話題にするのをたのしんでいます。テレーズの話し方があまりにもおもしろいので、私たちは泣かなければならないところを笑ってしまうのです。テレーズはこんなに快活ですから、きっと笑いながら死ぬでしょうと私は思っています。」

まじめさと快活さは、テレーズの天性である。母親のマルタン夫人の手紙には、幼い末娘のかわいらしい明るさと、輝くような喜びの表現がいたるところに描かれていて、読む者のほほえみを誘う。テレーズは、周囲の人の特徴や癖を見事にまねて人を笑わせたり、機知に富む言葉や仕種《しぐさ》で明るい雰囲気をかもしだす術を心得ていた。生来のこうした才能は修道院でも発揮されたから、テレーズは休憩時間に集まる共同体にとって、なくてはならない存在だったのである。

病室に移ってからも、重病人のテレーズが相変わらず新語を考えだし、同意義の言葉を巧みに使いこなし、物真似、いたずら、洒落、ときにはちょっとした芝居までやってのける。見舞いにくる修道女たちは、テレーズの深刻な病状を忘れて笑いころげてしまう。病室はいつでも明るい雰囲気に満ちていた。

マリー＝ゲランはたびたび家族にテレーズの様子を伝えているが、どの手紙にも同じ内容が語られている。

「テレーズを見舞う人は、たいへん瘦せて変わったのに驚くのですが、いつものような快活さと平静さと、何か笑わせるひとことを言う点では、少しも変わっていません。」

「今日テレーズは、喜劇役者のように私たちを笑わせました。」

テレーズは、周囲の人々の悲しみを和らげたかったのである。この頃のテレーズが聖母に捧げた祈りを読むとき、いたましいばかりの思いに胸を打たれる。

「慈しみ深いマリア様、私が世を去りたいのは、お姉様たちをとても疲れさせますし、病気が重いので、お姉様たちの心を痛めているからです。」

「長患いの病人は、自分の病気が看護人を疲労させているのを感じるとき、とてもつらい思いをいたします。……かわいそうなセリーヌ、私のために幾晩も徹夜しています。」

テレーズは長期にわたる重病人が、貧しい修道院にとって重荷である事実を思う。また、自分のために心労の耐えない実姉たちの身を思い、耐えがたい苦しみを覚えるのであった。

喜びの秘訣

テレーズがゲラン夫婦に送った最後の手紙がある。

「姉妹がたが、私は快活だと皆様に話されたそうですが、じっさい、熱が高いときを除いては『やまがら』のようです。そして、幸いなことに熱が私を訪問するのは、たいてい、やまがらたちが頭を翼の下に入れて眠りにつく晩方だけです。
もし、神様が私に、この地上でただ一つの喜びはみ心を果たすことにある、ということを示してくださらなかったら、私は今のように朗らかでありえなかったでしょう。」（手紙二二七）
テレーズは、神を愛する以外には何も望まなかった。「神様をあまりお愛ししていますので、神様のなさることにはいつでも満足しています」と言う。絶望に陥るほどの苦悩にあるのは、これによって「ゆだねと愛をより証しする」機会を、神が与えてくださっているしるしなのだと、テレーズは信じている。したがって、テレーズが苦しみを喜びと平和のうちに受け入れ、さらに「貴重な宝のように見なし」、「苦しみそのものを最大の喜びとする」のを、マゾヒズムと混同してはならない。テレーズはイエスが人類の救いのために歩んだ十字架の道を、愛によって共にしたいと望んだのであり、このようにして人々の救いに役立ちたいと願ったのである。

苦しみと神の愛

テレーズは自分から、より大きな苦しみを求めることをしなかった。そのような態度は自己過信であるばかりか、自分一人の力で苦しみを担うことになってしまう。神が一瞬ごとに支え、助けて下さらなければ、些細な苦しみにも耐えられないであろう。人間の弱さを知っておられる神ご自身が、それぞれの苦しみにつり合う勇気を与えてくださる。どうして思い悩む必要があろうか。

あまりの苦しみを見るに見かねて気遣う姉を、テレーズは心から慰め励ます。

「これまで、私の力を越える苦しみは決してなかったことを、よくご存知でしょう。……神様におまかせしなければなりません。」

死の一〇日前に、ド＝コルニエール博士は病人の忍耐に驚嘆して叫んだ。「このような状態で生き長らえてほしいなどと望まないでください。テレーズが耐えている苦しみは恐ろしいものです。」この言葉は、ポリーヌが応接間でゲラン家の人々に打ち明けたことと一致する。

「どうして、あのような状態で生きていられるのだろうと思います。あんなに苦しんでいるテレーズを見ていると、むしろ死んでしまったら私はほっとするだろうと思うほどです。そうすれば、テレーズはほんとうに幸せになるでしょう。」

死の前夜、テレーズはあえぎながら繰り返し言った。

「いいえ、ひどすぎることはありません。でも、大変、大変苦しいです。……やっと私に忍べるだけ。」

死を目前にして、

「これほど苦しむことができるとは、夢にも思っていませんでした！　決して……夢にも！　私が人々の救いに役立ちたいと、熱く望んでいたためとしか説明のしようがありません。」

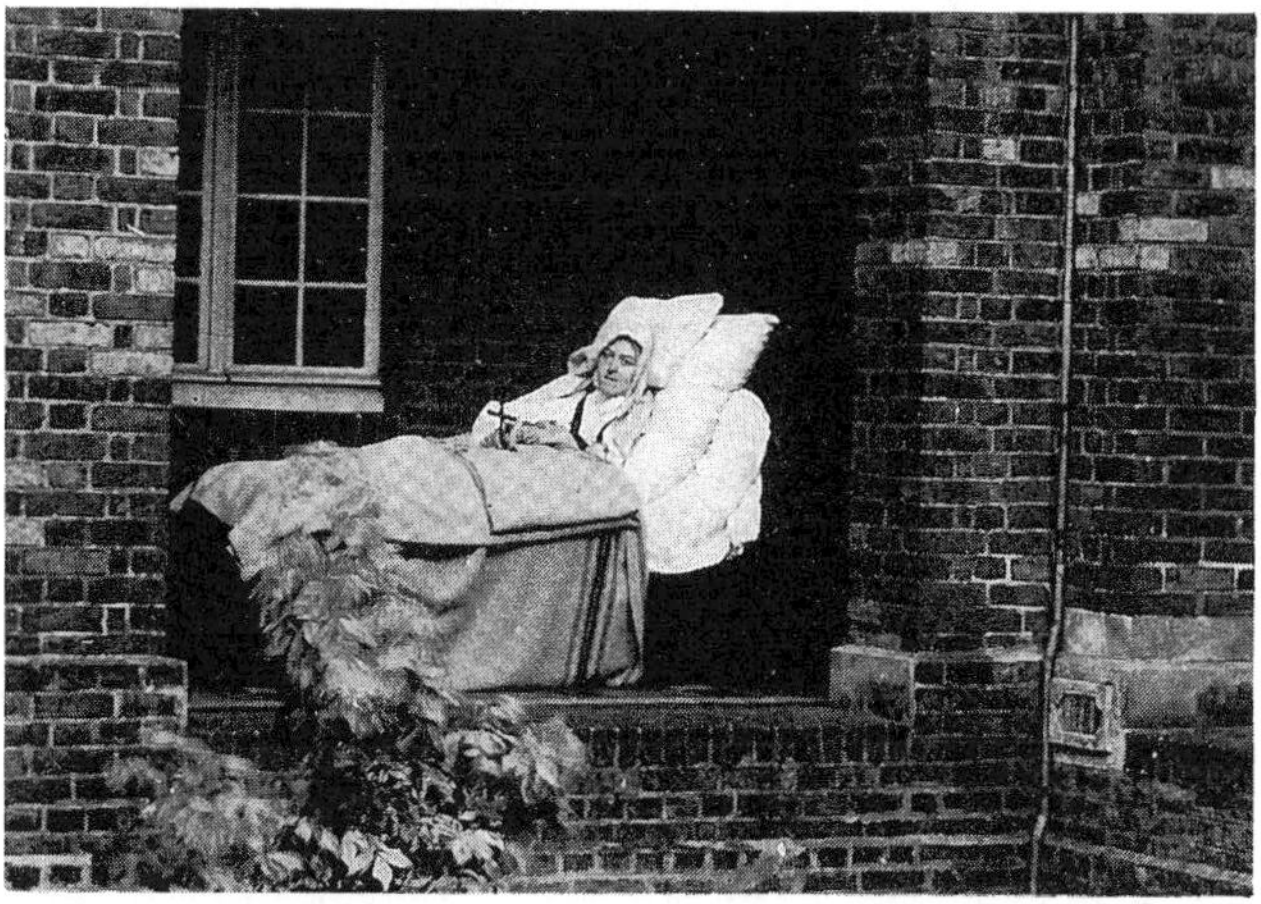

病床のテレーズ　死の１か月前。1897年８月30日

苦しみのための苦しみではなく、神を愛し、愛させるための苦しみを、テレーズは最期の瞬間まで望み続けた。息を引きとる寸前に、院長が「神様はもう数時間、臨終を延ばされるかもしれない」と言うと、テレーズは弱々しい声で答えている。

「ああ、それなら……苦しみが早く終わるのを望みません。」

「ありのままであることを」　テレーズは生涯をかけて、ほんものを追求した。見せかけ、自分の真実を偽る言葉や行為、人の思惑を気遣って真理を口にしない、このようなことは幼い頃から徹底的に退けてきたことである。そのため、テレーズはつねに自由であった。「真理はあなたを自由にする」（ヨハネ８・31）と言ったイエスの言葉は、そのままテレーズにあてはまる。

生来内気であったテレーズが、環境に逆らうことがあってもつねに真実を貫きとおしたのは、真理であるイエスに従おうとする愛と努力の賜物である。

「ピラトはイエス様に真理を聞くことを拒みましたが、私は決してそのようにはしませんでした。いつも神様に、『私はあなたのお言葉をうかがいたいのです。私が謙虚に、真理とはなんでしょうかと申しあげるとき、どうぞ、お答えください。そして、物事をありのままに見、何にも目をくらまされることのないようにしてください』と申しあげます。」

ポリーヌがある日、「往診にこられるド＝コルニエール博士に、何か感銘を与えるようなことを話したらどうか」と勧めたとき、テレーズは断固これを拒絶して答えた。

「それは、私の流儀ではありません。先生が私をどうお思いになろうと、私はいっこうにかまわないのです。私はありのままであることだけを、大事にしています。『見せかけ』は大嫌いです。あなたがお望みになるようにするのは、私にとってよくないと思います。」

テレーズはいつもそうであったように、病床にあっても全く人間らしく、ありのままの姿で、「苦しみに押しつぶされ」、「圧倒され」、「倒れ伏す旅びとのように、疲れきってへとへとになり」、「もうだめだと感じ」ながら、すべてを神にゆだねて明るく、あらゆる人にこまやかな愛を尽くしながら生きたのである。

九月二五日、テレーズは今まで生きてきたことを振り返って言った。

「私は今、私の言ったこと、書いたことは、すべて真実であったと信じます。」

死の当日に、はっきりした語調で院長に答える。

「はい、私は真理以外には、何も求めなかったと思います。

そうです、私は心の謙遜を悟りました。私は、自分が謙遜であるような気がします。」


テレーズの病床を見舞った一修道女が、やや皮肉を込めて尋ねる。

「あなたは生涯を通じて、戦いを経験したことがあるのですか」と。

テレーズの「隠された顔」

テレーズは直ちに答えた。

「おおありですとも。私は生来、なんでも人の言うなりになるほうではなかったのです。ですから、ただ一日も、苦しまずに、戦わずにすませた日はありませんでした。ほんとうに、ただの一日も！」


ここで、母のマルタン夫人が寄宿生の娘たちに宛てた手紙を想起しよう。

「素直で愛くるしく、才気に富んでいて、感受性豊かなこの幼子」は、「一度注意されたことは絶対に二度と繰り返さず、たとえ世界中の富と引き替えであっても、『うそ』を口にしない。一歩誤れば強情にもなりかねないほど、意志の強い性格の持ち主」であった。テレーズが生来の強固な意志をもって、物心つく頃からいかに熱く「神の望まれること」のみを望んだか、つまり、神と人々への愛を貫きとおすために自我と戦い続けたかは、姉たちでさえ十分には理解できなかった。

カルメル会に入会した当時から、自分の好まないことはもとより、不当な仕打ちを受けた時も、無言ですべてを甘受し、不平不満を長上や姉たちに訴えることはなかった。後に当時を回顧して言っている。

「私は、いやだという考えに屈服したことはありませんでした。」

テレーズはなまぬるさや、いい加減に物事をかたづけることを自分に許さなかった。あらゆる些細な、取るにたりないと思われがちなことにも、全力を尽くす。たとえ、未完成に終わろうとも、誠実に、たゆまずやり直す努力を怠ることがない。

神はテレーズが「兵士」にとどまるのを許さず、「直ちに騎士に叙した」。この誉れに応えて、テレーズは「自己放棄や、小さい人目に立たない犠牲を捧げ続ける戦場」におもむく。この戦場で、「人間本来の傾向には何もえることのない隠れた戦いに、謙遜と平和とを見いだした」のである。

テレーズがまだ少女にすぎないとき、すでに次のように祈っていた。

「神様、私はあなたの望まれることはなんでも、みな選びます。中途半端な聖人になりたくないのです。私は、あなたのために苦しむことを恐れません。」（『原稿A』）

たしかに、テレーズは修道院のなかで明るく、ほほえみとおした。目立たず、人の視線と評価を意に介せず、何事かがあっても何事でもないように、静かに生きたのである。

「テレーズについては、どんな追悼録が書けるのだろうか。『私たちの修道院に入り、生活し、帰天した』、ただそれだけではないか」と語った一修道女の述懐は、あまりにも有名である。

テレーズの隠された顔に関連して、一つの挿話が後々まで語り伝えられることになった。ある日、病室にテレーズを見舞った一修道女が、小卓の上にあるコップに目をとめて言う。

「その飲み物はなんでしょう。きれいな赤い色ですね。きっとおいしいのでしょう。」

そのとき、テレーズはだまってほほえんでいたが、あとでポリーヌに打ち明けている。

「このコップは、私の人生の象徴です。ほかの人はいつも、私がおいしそうな飲み物ばかりいただいていると思っていますが、これほど苦い飲み物はありません。いいえ、私の人生は苦くありませんでした。あらゆる苦さを喜びと甘さに変えることを、教えていただきましたから。」

テレーズは、人から認められたいとの衝動に屈しなかっただけではない。理解されたい、外面には現れない心の思いを汲みとってもらいたい、という人間本性の渇きをも満たそうとはしなかった。長上に対しては「つねに開かれた書物のようであった」テレーズが、自叙伝のなかで、「この本の多くの頁は決して読まれることはないでしょう」と書いている。

自分自身を重要人物のように思わせることは「小さい道」に反する。何事にも控え目で、必要なこと以外は口を閉じて語らない。開けひろげに語られた言葉や行いの内奥に、姉たちでさえうかがい知ることのできなかった神秘、神とテレーズのみのあいだの秘密が隠されているのである。これと同じように、テレーズが自らに課した戦いのすべても、人目には隠されたままであった。

ポリーヌが病床のテレーズに打ち明けたことがある。「私は死ぬとき、神様にお捧げできるものは何一つありません。ほんとうに、手はからっぽです。それを思うと悲しくなります。」すると、テレーズはたのしげに答えた。

「私も同じようにからっぽですけれど、考えることは違います。もし、私がパウロの成し遂げたすべてのわざを完遂したとしても、やはり『私は無益なはしためです。為すべきことをしたに過ぎません』と、主に申しあげるでしょう。私は、空の手であるのがうれしいのです。すべてを神様からいただくことになりますから。」

テレーズの信頼と希望

テレーズは、神のみに期待した。自分の善いわざを数えあげて神からの報いを求める打算的な態度を、テレーズは理解することができない。報いがあろうとなかろうと、ただひたすらに「神様をお喜ばせするために」、「幼子の信頼と優しさを込めて」すべてを捧げ、行う。というのも、テレーズは「ずっと以前から、徹底的に、自らを主に渡しきってしまった」からである。

テレーズの終始変わらぬこの姿勢は、ジャンセニズムから脱しきれないでいるこの時代の人びとを驚かせた。自分が積みあげた功徳と引き替えに天国を獲得しようとする考えと、テレーズのそれとはあまりにも違う。

「神様が、各自の成し遂げたわざに応じて報いられるとき、私にはさぞお困りになるでしょう。私にはなんのわざもありませんから。でも、神様ご自身のわざにしたがって報いてくださるに違いありません。」

獲得するのではなく、失うこと、神の無償のあわれみに自分をゆだね、空の手で神の前に出る貧しさに徹すること。テレーズの信頼と希望は、裏切られることはなかった。

真実の愛は、つねにより深い愛を希望させ、いっそう深く愛したいとの希望にあふれる祈りを心に吹きこむ。希望は熱く望ませる愛、空の手を天にさし伸べさせる愛である。

三位一体のマリーを戒めたテレーズの言葉は、これを見事に表している

「あなたの望みに限界を設けることは、神様の限りない慈しみに限界を設けることです。」

Ⅳ　永遠の光へ

聖母マリアとテレーズ

「私のママ」

恩寵の世界において、聖母が神の子らの真の母であることを、テレーズが心底から悟ったのは、一八八七年の晩秋にパリを訪れた日のことである。パリには、「勝利の女王」マリアに献げられた大聖堂がある。父のルイも叔父のイジルドも、若かりし頃パリに学んで、しばしばこの大聖堂を訪れ、祈っていた。幼いテレーズが不思議な病に苦しんでいたとき、父親は当大聖堂で九日間のミサを捧げてもらい、この期間中に、奇跡的ともいえる回復の恵みを受けたのである。テレーズはこのことを忘れなかった。

「ああ、私が聖母のみ足のもとで感じたことは、とても言葉には表せません。聖母は、かつて私にほほえみ、癒してくださったのは、たしかにご自身であったと感じさせてくださったのです。私は聖母が見守ってくださること、そして私は聖母の子どもであることを悟りました。それで、もう聖母マリアを『ママ』としかお呼びできませんでした。私には、『お母さま』と申しあげるよりも、『ママ』とお呼びするほうが、もっと愛情がこもっているように思えたのです。」(『原稿A』)

「マリア様にお願いして、守っていただけなかったことは一度もない」と、テレーズは書いている。何か心配なことや困ったことが起こると、テレーズは急いで聖母を仰ぐ。すると、「母親のなかのもっとも優しい母のように、聖母はいつもテレーズのために計らってくださる」(『原稿C』)のである。

テレーズと聖母とのかかわりには、特殊な「何か」があった。キリスト者であれば、聖母を母と慕い、折あるごとにその取りつぎを願うのはごくふつうであるが、テレーズは日常生活の些細な事柄について、神の望みであるか否かが明らかでない場合、とくに聖母に祈った。そこには、神秘的とも言えるこまやかな、愛にあふれるこころ遣いが見られる。

「私の願いをどうしても聞き入れてほしいと、神様に無理強いする結果にならないように、すべてにおいて神様のみ心のみが行われるように加減してくださるのは、聖母のお役目です。」(『黄色いノート』)

聖母と「小さい道」

テレーズが福音書に記されている聖母の謙虚さと、単純さを強調するのは、マリアに「小さい道」の模範を見るからである。父である神のみ心が行われることのみを望み、理解できないままに約束の実現を信じて、すべてを神にゆだね、信仰の暗い道をひたすらに愛しながら歩み続けたマリア。テレーズの心に「小さい道」の芽生えが徐々に培われてきたのは、聖母の生涯と無縁ではない。

「自分の無を知ること……すべてを神に期待すること……何も思い煩わないこと……自分のために何も取っておかないこと……つねに小さいままでいること……愛の花を摘みとるだけで満足すること……徳を実行しても、それを自らに帰さないこと……自分の欠点に落胆しないこと……」

マリアの生涯を仰ぎ、マリアと共に生き、マリアにならいながら、テレーズは父である神の慈しみ深い手に自分をゆだねて生きることが、何を意味するかを悟ったのである。

聖母に捧げる最後の詩

聖母との親しさが深まるにつれて、テレーズの内に聖母の真の姿を人々に知らせたいとの望みが高まる。そのために司祭になりたい、とさえ思う。時は一九世紀末、女性が説教壇に上がることなどは夢にひとしい。しかし、テレーズはマリアの生活があまりにも知られず、真実から遊離した想像がまことしやかに説教されるのに我慢がならない。その上、説教者たちは好んで、聖母が神から受けた特権を強調し、天地の女王の光栄を賛美する。マリアの崇敬は、イエスの母を高い玉座に挙げてしまった。テレーズはこのような説教を聞くたびに、悲しく思う。

「聖母は女王である前に、母でいらっしゃいます。

近寄りがたいどころか、ごくふつうの素朴な生活をなさいました。

聖母は私たちと同じように、信仰によって生きていらっしゃったのです。」(『黄色いノート』)

「福音書がすべて」であったテレーズにとって、そこに描かれているマリアの姿だけが信じるに足りるのである。テレーズは、想像を交えた雄弁な説にまどわされなかった。福音書に記されたマリアの数少ない言葉に聴き入り、深く秘められたその思いを汲み、沈黙のうちに探求し、子どもの単純さで「愛するママ」に祈る。こうして、死に先立つ四か月前、聖母月(五月)を迎えたとき、二〇〇行におよぶ詩をしたためたのである。

『おおマリア! なぜ私はあなたを愛するか』と題するこの詩が、六七年後、第二ヴァティカン公会議の教令『教会憲章』の中で謳われるマリア神学の先ぶれとなることを、だれが予想しえたであろうか。神学はおろか、高等教育も受けていないテレーズが、かくも深くマリアの神秘に分け入ることができたとは。

この詩は、病状が悪化していくなかで、テレーズがセリーヌに打ち明けた夢の実現であった。「死ぬ前にしなければならないことが、まだ残っています。聖母マリアに捧げる詩のなかで、私が聖母について思っていることをすべて言い表したい。ずっと、この夢を抱き続けてきました。」

聖母の愛と苦しみの神秘

テレーズがマリアの生涯をとおして悟ったのは、愛と苦しみの神秘であった。しかも、このすべては沈黙に包まれている。

子どもが　その母を愛することができるには
母はわが子と共に泣き、わが子の苦しみを分かち合わなければなりません
おお　私の愛するおん母よ　この異郷の岸辺で
あなたは涙を流されました　私をあなたに引き寄せるために

聖なる福音書のなかで、　あなたのご生涯を想いながら
私はあえてあなたを眺め　あなたに近づきます
私があなたの子であると信じるのは　むずかしくありません
なぜなら　あなたも私のように
苦しみと死を体験されたのですから（2節）

死の一か月前、テレーズは自分が歌ったことが真実であったことを、さらに深く悟る。
「今夜、聖母像を眺めながら悟りました。……聖母が魂だけではなく、体でもお苦しみになったことを。……ほんとうに、マリア様は、苦しみがなんであるかをご存じです。」

私はあなたといっしょに　苦しみました

そして今　私はあなたの膝の上で　歌いたいのです
マリアよ　なぜ　あなたをお愛しするかを
そして　いつまでも繰り返し申しあげたいのです
私は　あなたの子どもです　と

テレーズは福音書が語るマリアを見つめれば見つめるほど、その足跡を歩むのは不可能ではないとの確信を深くする。

聖母の跡《あと》を歩む

おお　救われた者たちの女王よ
あなたはいつも　もっとも慎ましい徳を実行しながら
天国への狭い道を　見えるものとしてくださいました
あなたのお側で　マリアよ
私は小さいままであることが好きです

天国を待ちながら　おお　愛するおん母よ
私は　日毎　あなたと共に生き　あなたに従っていきたい

あなたの母のまなざしは　私の恐れをみな　追い払い
私に　涙を流すことも　喜ぶことも教えてくださいます

マリアは神のことばを聴き、「みことばどおりこの身になりますように」（ルカ1・38）と答えた。テレーズは、マリアが神のことばを理解できないままに受け入れ、すべてを心に納めて考え合わせながら、約束の実現を信じ希望して、愛し続けた姿を想うのが好きであった。救い主の母、全人類の母として選ばれた方でありながら、マリアはすべての人と同じように信仰の暗い道を歩む。それは、「小さい者たちがおびえずに、あなたに目を上げ、あなたによって天国に導かれるため」であると、テレーズは感動して歌うのである。

おん母よ　あなたのみ子は
あなたが模範となることを望まれたのです
信仰の夜のなかで　み子を探し求める人々の模範に

「もう夜が来ました」

死の床にあって、テレーズは闇のなかにとどまりながら聖母に問いかけ、そして哀願する。

天の王は　ご自分のおん母が
心の苦悩の暗闇にとどまるのを望まれたのですから
マリアよ　地上で苦しむのはよいことではありませんか
そう　愛しながら苦しむ　それこそ　この上ない幸せ！
聖母よ　主にお伝えください
私に下さったすべてを　主がお取りあげになっても結構です
私に遠慮なさらないように……と
主がお姿を隠されるなら、私はお待ちいたします
心を込め
信仰の影が消え去る　暮れることのない　その日まで

最後の節で、テレーズは心の苦悶と暗闇にふれて、長い詩を結ぶ。

美しい天のふるさとで
やがて　お目にかかりにまいります
生涯の朝に　ほほえみかけてくださった聖母よ

もう一度　ほほえむために　おいでください
お母様　もう　夜がきました

九月八日、誓願を立てた恵みの記念日に、テレーズはふるえる手にペンを執り、父親の思い出を語る『勝利の聖母』の聖画の裏に、次のようにしたためた。

おお　マリアさま　もし私が天の女王で
あなたがテレーズだとしましたら
私は　あなたが天の女王でいらしてくださるように
テレーズでありとうございます！

テレーズの絶筆である。

「天国の扉を前に」

「私の天職が始まろうとしている」　生涯を閉じる時が迫ってくるにつれて、テレーズの、神から自分に託された使命を全うしたい望みはますます激しくなり、時間と空間を超えてしまう。

「私の天職が始まろうとしているのを感じます。私の使命、それは、私がお愛ししているように、人々にも神様を愛させること、私の道を人々に教えることです。もし、私の望みが聞き入れられましたら、私は世の終わりまで、この地上で私の天国を過ごしましょう。そうです。私は地上の人々に善をしながら、私の天国を過ごしたいのです。それは、不可能ではありません。天使は神を直観しながら同時に、地上の私たちを見守っているではありませんか。

私は、救うべき人がいるかぎり、たのしむことはできないのです。憩いたいとも思いません。でも、天使が『もはや時がない』と告げるなら、そのときこそ憩いましょう。そのときには、私もたのしむことができるでしょう。選ばれた者の数が満たされ、すべての人が喜びと憩いに入るからです。そのことを思うと、私の心は高鳴ります。」（『黄色いノート』）

後にひじょうな反響を呼ぶこの断言は、一八九七年一月七日に、ポリーヌに語った言葉である。

その頃、姉たちはテレーズの自叙伝を出版したいと考えていた。不思議なことに、テレーズはこの企画に賛意を表す。かつて、テレーズがセリーヌに与えた戒めを知っていた姉たちにとって、これはうれしい驚きであったに違いない。「人から呼ばれたとき、すぐに答えることは、美しいことや聖なることを考えたり、本や聖人伝を書いたりするより、ずっと価値がある」と、テレーズは言ったのである。

衰弱の極に達していたテレーズは、「書きたいことを記す時間がなかったため、未完成のままであるノート」をポリーヌにゆだねた。テレーズ亡きあと、これを自由に添削して出版する責任は、テレーズの「小さいママ」であり、後にふたたび院長職に就くこの姉が負うことになる。

一冊一〇スー（フランス革命以前の旧貨幣制度による銅貨。二〇分の一リーヴルに当たる）の粗末なノート六冊に、全体の構成や文体など全く意に介せず、思いつくままに記された一七二頁にわたる手記、これがやがて世界中に旋風を巻き起こすであろうことは、当のテレーズ以外に予想できる者はいなかった。そして、姉たちはテレーズの死後、「手紙の箱の側で慰めを見いだし、生涯の終わりまでテレーズのことで忙殺され、この末の妹がいないことを嘆く時間さえないであろう。」テレーズ自身が死を前にして、ポリーヌにこう告げたのである（聖座の列聖調査）。

たしかに、このすべては予告をはるかに超えて実現した。しかし、これによってテレーズ自身はいささかも影響されることはない。すべては、神のみわざにほかならないことを、テレーズはだれよりもよく知っていた。
「これを読む人は、すべては神様から来るものであることがよくわかるでしょう。私の光栄になることがあるとすれば、それは神様からの無償の恵みであって、私のものではないということだけです。」（教区の列聖調査）
「称えなければならないのは、神様おひとかたです。私のようにつまらない『無』には、何もほめるべきものはありません。」（『黄色いノート』）
自らの小ささと貧しさに徹していたテレーズが、次のように言ったとしても驚くにあたらない。
「これは、神様のほんとうに大切なみわざ！
今、読み返した箇所は、ほんとうに私の魂そのままです。……この本は、たいへんためになるでしょう。そして、人々は神様の慈しみをもっとよくわかるようになるでしょう。
ああ、私はよく知っています。みんなが私を慕うようになることを。」（『黄色いノート』）
テレーズは聖母マリアにならって、「全能の神が、聖母の小さい子どもである自分のうちに、偉大なことをなさったと、ごく単純に認め、毎日喜びにあふれて歌っていた」（『原稿C』、手紙二二九）のである。

「私はいのちに入るのです」

テレーズは、愛する者との死別によって深く傷ついた家庭に育った。四人の幼い兄姉の死、祖父母、修道女となった伯母……そして最愛の母の死。テレーズ自身、誕生後かろうじて死を免れている。ひ弱だったこともあってか、テレーズは幼い頃から自分の生涯は短いであろうという確信を「与えられていた」（手紙二二九）。この表現は、若死が恵みとして与えられるであろう予感を思わせる。テレーズにとって、「人生は二つの永遠のあいだにはさまれた瞬間」（手紙六三）にすぎない。時間もいのちも神の賜物であって、与えられたいのちを自ら早めることは「卑怯」であり、責任逃れであることをテレーズは知っていた。

「たしかに、この世のいのちは、一つの宝です。各瞬間は一つの永遠であり、天国のための喜びの永遠です。」

とはいえ、テレーズにとって時間と永遠のあいだには、夜と昼ほどの違いがある。

「この世のいのちの夜のあいだ、一度しか来ないたった一夜のあいだになすべきことは一つしかありません。それは、愛すること……心のありったけを尽くして、イエス様を愛し、愛させること！」（手紙七四）

「私たちは、全宇宙よりも偉大ではないでしょうか。いつか、私たち自身、神的なものとなるでしょう。」（手紙五八）

テレーズがセリーヌに宛ててこの手紙を書き送ったのは、修練時代、つまり、わずか一六歳のときであった。信仰に基づく、なんという洞察の深さ。

死の三か月前、テレーズはベリエール神学生に宛てて手紙をしたためる。

「永遠の扉を前に立っている今、私が悟っている多くのことを申しあげたいと思います。でも、私は死ぬのではありません。いのちに入るのです。そして、地上では申しあげることのできなかったことを、天の高みからおわかりいただくようにしましょう。」（手紙二一六）

テレーズを天国に引きつけるのは、「ついに、熱く望んでいたように主をお愛しできるという希望と、無数の人々に主を愛させ、永遠に主を賛美させることができるという思い」（手紙二二五）だけである。

従姉妹のマリーは、重態のテレーズが喜悦にあふれて、いかにも幸せそうに「死ぬ幸福を味わっている」様子に驚嘆する。

「まるで、父に会いにいくのを心から望んでいる小さい子どものようです。これほど穏やかに、静かに死ぬ人を今まで見たことがありません。テレーズは私たちにこう言うのです。『なぜ、私が死を恐れるのでしょう。神様のためにしか生きてこなかった私が……』と。」

五月に、テレーズはすでにこう言っていた。

「私を探しに来るのは『死』ではありません。神様です。死は、妄想でも恐ろしい幻想でもないのです。ただ、人がそう思うにすぎません。」

愛によって死ぬ

愛によって死ぬのは、テレーズの最大の望みであった。七月二七日に、テレーズは十字架のヨハネの著書『愛の生ける炎』を引用して、これをポリーヌに打ち明けている。

「『この甘美な出会いのとばりを開いてください』。十字架のヨハネのこの言葉をいつも、私が望んでいる愛の死にあてはめていました。愛は、私のいのちのとばりを傷めたり、古びかせたりせずに、突然引き裂いてしまうでしょう。私は修道生活の初めから、『魂がすみやかに愛に焼き尽くされるためには、愛の行いを修練するのがもっとも肝要である』という言葉を、どれほどの望みと慰めをもって繰り返したことでしょう。」

十字架のヨハネに影響されて、テレーズが無意識のうちに憧れていたのは、激しい熱情と甘美な衝撃のなかで、愛に自分の存在をゆだねることであった。愛の死という最高の自己奉献がこのようにして全うされること、これこそ、ほかならぬ「愛の殉教」であるとテレーズは信じている。

しかし、激しい病苦と、信仰の暗闇、だれも立ち入ることのできない魂の孤独の体験は、テレーズをイエスの受難と十字架上の死へ導いていく。

姉たちが妹に期待する美しい死を、テレーズも初めの頃は否定しなかったが、七月に入ってから、もはやその夢を見ることはなかった。十字架を見つめながら、テレーズは最高の愛の死の意味を真に悟ったのである。

「主は十字架上で、ほんとうにひどいお苦しみのうちに息を引きとられました。でも、それはかつてないほどの美しい死でした。人々が愛の死を見たのは、そのときだけでした。……愛に死ぬとは、甘美な衝撃のなかで死ぬことではありません。正直に申しますと、私が今、体験していることがそれであるような気がいたします。」

この時期に、テレーズの心をますます引きつけたのは、第二イザヤの歌う「苦しむ神の僕」の姿である。現代の聖書学者が重要性を指摘しているこの預言に、テレーズは直感的才知で、イエスの使命、その受難と死の意味を汲みとったのである。旧約聖書の全部を読むことすら、許されない時代であった。

「『見るべき面影はなく、輝かしい風格も、好ましい容姿もない。』……イザヤのこの言葉は、イエス様の尊い面影にたいする私の信心、もっと正確に言うなら、私のあらゆる信心の基礎です。私も、輝きもなく、すべての被造物から知られずに、『ただひとり、酒ぶねを踏む』（イザヤ63・3）ことだけを望んできました。」（最後の言葉）

死が近づくにつれて、テレーズは受難のイエスのあらゆる苦しみ、内面の孤独、魂の試練、父である神から見捨てられたと感じる信仰の暗夜を共にする。

テレーズの死

人生の最後の日、九月三〇日が明けた。二人の姉に支えられて腕を十字に広げ、苦しげに息を切らせ、しばしば窒息状態に陥り、絶望の誘惑にさいなまれ、臨終の苦悩に打ちひしがれているテレーズは、目撃者たちに、「十字架のイエスの悲痛な姿」を思い起こさせた。「この一致は、神秘に満ちているように思われました。イエスの場合のように、神はテレーズを打ち捨てられたように見えました」と、ポリーヌは証言している（聖座の列聖調査）。

長姉のマリーは、テレーズがとぎれとぎれに語る言葉から、内面の恐ろしい苦悩を察して、耐えきれずに病室を抜け出す。瞬時も枕元を離れなかった気丈なポリーヌでさえ、妹が絶望しないように、イエスの像の前にひれふして祈ったほどであった。セリーヌも泣きながら回廊に出て、悶え、泣く。「死ぬとは、なんと恐ろしいことだろう。」

テレーズは死に直面しても、自分のために例外を求めなかった。かねてから、人間のありのままの状態をすべて体験して、最期を迎えたいと望んでいたが、まさにそれが実現しつつあった。呼吸困難は極に達し、不安におびえた様子で、紫色になった手を合わせて祈る。

「神様、私をあわれんでください。ああ、マリア様、私を助けにいらしてください。苦しい。……でも、神様は私を決してお見捨てにはならないでしょう。今までも、お見捨てになりませんでしたから。」

一九時、テレーズは弱々しい声で、院長に最後の言葉をかけた。

「院長様、まだ臨終ではないのですか。もう、死ぬのではありませんか。」

「そう、臨終ですよ。でも、神様はもう少し時間を延ばすおつもりかもしれません。」

「そうですか……それなら、もっと苦しんでもかまいません。」

そう言い終わると、突然、息づかいが弱まり、頭を右に傾け、静かに倒れた。院長は鐘を鳴らして、全修道女を呼び集める。一同が病床を囲んで跪《ひざまず》くのとほとんど同時に、テレーズは握っていた十字架を見つめ、はっきりした声で言った。

「神様！……私は、あなたをお愛しいたします！」

息を引きとったかに見えた瞬間、急に目を開き、輝くまなざしで「ほほえみの聖母」像の少し上方を、何か目に見えないものを見ているかのように、じっと見つめ、数分後、えもいわれぬほほえみをたたえて、目を閉じた。

「柩に納めるとき、テレーズは心を奪われるほど美しく、一〇代の少女のようにあどけなく見えた」（ポリーヌのノート）。

翌日、セリーヌが撮った写真は、死を超えた永遠のいのちの荘重な喜び、つつましい勝利者のほほえみを後世に証しすることとなる。

新しい歴史の始まり

午後七時、カルメル修道院の聖堂で祈りながら知らせを待っていたゲラン家の人々に、ポリーヌの走り書きの手紙が手渡された。

「私たちの天使は、もう天国です。七時に、十字架を胸に押しあて、『神様、あなたをお愛しいたします』と言いながら、最期の息を引きとりました。天に目をあげたすぐあとで……テレーズは何を見ていたのでしょうか！」

六月に、テレーズは修道女一人ひとりに別れの聖画を送っている。その裏面には次の言葉が書かれていた。

信じたものを見ています。希望したものを所有しています。
そして、力いっぱいお愛しした方と結ばれています。

今こそ、テレーズの言葉は実現したのである。

一〇月一日から三日間、遺体は聖堂に安置されて、家族やゲラン家をはじめ、愛する人々の表敬を受けた。四日の朝、葬儀ミサが捧げられると、二頭の馬に引かれた霊柩車がカルメル修道院の門を出て墓地に向かう。喪主は、姉のレオニーである。質素な柩は、リジュの町を一望におさめる小高い丘の共同墓地に埋葬された。

リジュの大聖堂　テレーズを記念して建てられた

ここで、テレーズの隠れた二四年の短い生涯は終わりを遂げた。しかし同時に、全世界に「栄光の旋風」を巻き起こすテレーズの新しい歴史が始まったのである。

教皇ヨハネ＝パウロ二世がリジュで語った言葉を借りれば、「聖人は決して過去の人ではない。むしろ、明日の人、未来の世界と未来の教会の証人である」。

テレーズが死を前にして素朴に打ち明けた希望は、常識の世界を超えることのできない人々にとって、単なる夢としか映らないであろう。しかし、この希望はすでに実現し、また未来に向かっても実現し続けている。

真の愛は、自分のうちに閉じ込めておくことができないばかりか、周囲の人々をも引きよせて、共に唯一の目標を目ざして走り続けるダイナミズムであることを、テレーズは知っていた。

「主よ、一人があなたの香りに魅せられると、もう自分だけで走ることはできません。すさまじい勢いで大海原に流れ込む急流が、途中で出会うものをすべて引き込んでしまうように。……愛

に燃える者は何もしないでいることはできないのです。」（『原稿B』、付記参照）

おわりに――リジュのテレーズの中心思想

聖書とテレーズ

テレーズの時代、とくにフランスにおけるカトリシズムには、ジャンセニズムがある種の名残りをとどめていた。ところが、テレーズはこうした霊性に左右されず、聖霊に導かれ、幼子の自由と大胆さで神のことばに隠されている神秘を探究し続けた。そして、ついに福音の本質を悟り、これを生きぬいたのである。

テレーズは修練時代、すでに「聖書について、まれに見る知識をもっていた」(列聖調査における修練長の証言)。聖書の意味を正確に知り、秘められている神のみ心にふれるために、ヘブライ語とギリシア語を学びたかったと言っている。

「ときどき、完徳を、数え切れないほどの障害のかなたで、多くの幻想に取りかこまれているもののように書いてある本を読みますと、私の貧しい精神はすぐに疲れてしまいます。そこで、……心を枯らすばかりのこういった学問的な書物を閉じて、聖書を手にします。すると、すべてが光に照らされます。たったひとことが私の前に果てしない視野を開き、完徳はやさしいもののように思われてきます。そして、自分が無にすぎないことを認め、幼子のように、神様のみ腕に

自分をゆだねさえすればたりるということを知るのです。」（ルーラン師宛ての手紙二〇三）

神が「愛」である神秘を、テレーズは聖書のうちに発見した。み子を賜うほどに世を愛された神のあわれみがすべてに先立つことを、また、神が人間に求められるのは、自分の無を喜んで認め、神の限りない愛に絶対の信頼を寄せて、自分をゆだねきることだけであることを、テレーズは自ら実践し、経験に基づいて倦まずに説き続けた。

愛はすべてである

修練女であった三位一体のマリーは、死を前にして語ったテレーズの言葉を伝えている。

「テレーズは私に、『私の心のすべてをあなたに賭けるほどに、あなたを愛していると、はっきり言うことができます』と、おっしゃいました。

そこで、私は言い返したのです。『でも、あなたはポリーヌやほかのお姉様方を、私よりももっと愛していらっしゃるでしょう。それ以上に、いいえ、それと同じくらいに私を愛してくださるなんて、できないことと思います』と。そのとき、テレーズはこうお答えになったのです。

『ああ、比較できることではありません。私たちの心は、その人一人しか存在しないかのように愛していらっしゃる神様の似姿として造られているのです。ですから、私がポリーヌや他の姉たちに抱いている愛は、あなたを愛する愛を妨げはしません。私は一人ひとりに特別な愛、私のすべてを賭けた愛を抱いています。そうでありながら、私は全く神様のものです。』」

この挿話は、テレーズの全生涯を要約しているように思われる。テレーズが神と人々への愛に徹するために選んだのは、カルメル修道院の「厳しい生活の単調さのなかで、自分の労苦の実りを見ることなしに生きること」（『勧告と思い出』）であった。

テレーズは心に全世界を抱いていたが、わけても小さく貧しい人々、悲惨な病を負う人々、自らの罪深さに恐れおののく人々、自分の人生に希望を見失った人々に、イエスがもたらした福音の「うれしい訪れ」を知らせたいと熱望する。

もし、人々が、神のあわれみ深い愛に値しないものは何一つないことを知ったなら……。自分の無力さを受け入れ、空の手を神にさし伸べるとき、神はこの信頼に無限の愛をもって報いられることを信じたなら……。

もっとも平凡な、人の目にはふれないささやかなわざを、純粋な愛の行為に変えることができる、とテレーズは教えた。家庭でも、道端でも、工場でも、商店でも、重責を果たしながらでも、無邪気に遊びたわむれながらでも、慈悲深い父である神のみ心を喜ばせることができるのである。

「価値あるものは、外面に現れる行為そのものではなく、そこに込められた愛のみである」と、テレーズが確信をもって告げたことを想起しよう。

テレーズは、「小さい道」を、「愛に満ちた希望の道」（手紙二一三）と呼ぶ。

「愛に満ちた希望の道」

希望は、自己を中心とする自我から出て、神と他者に向かう旅びとの姿勢である。希望するとは、未来に向かってつねに開かれていることである。モルトマンが『希望の神学』のなかで謳っているように、「神の約束は、現実のうしろからその裾をもってついていくことではなく、現実の前をたいまつをかかげて進んでいくことを望んでいる。」

テレーズは人々を聖書の中心に導き入れ、『愛の神』（一ヨハネ4・7）であり、また『希望の神』（ローマ15・13）である方の招きに応える道を指し示した。

幼子の信頼とゆだね、そして、愛と希望に根ざす「小さい道」がそれにほかならない。教皇パウロ六世の懇願は、リジュのテレーズを愛するすべての人の祈りでもある。

あれほど神に近く、あれほど単純化された祈りの人であったリジュのテレーズが、本質的なものを求めるよう人々の心を駆りたてますように！

あれほど神に希望をおいた聖女テレーズが、神の存在を疑う人や、自己の限界に苦しむ人々に道を開きますように！

あれほど真実に愛した聖女が、教会に対する信頼の雰囲気のなかで、私たちの日常生活の義務を高め、対人関係のありかたを変化させますように！

付記

テレーズの著作

テレーズが病床で、「多くの人を益するでしょう」と語った手記は、二冊の手帳を指していた。一冊は、当時の院長であった姉のポリーヌに宛てて、望まれるままに、幼児期からカルメル会入会までの思い出を綴った『原稿A』である。

他の一冊は、長姉マリーの依頼に応え、内心を語る打ちとけた手紙で、テレーズは一八九六年の九月一三日にペンを執り、わずか三日間で一気にこれを書きあげた。この手紙が、後に、神秘神学の傑作の一つと謳われる『原稿B』にあたる。

以上の二冊に加えて、最後の年の六月に院長マリー＝ド＝ゴンザグの命を受けてしたためた『原稿C』である。前半は修道生活の回顧であり、後半は隣人愛を主題とした小論文とも言えるものであるが、衰弱と病気の進行によって未完成のまま院長に手渡された。

これらの遺稿が、原文のまま人々の手に渡るようになるには、数奇な経緯を辿る。

その一つは、ポリーヌがテレーズから原稿を託されたとき、「望みのままに、全く自由に添削する責任」をゆだねられたことに由来する。かつて、末妹の家庭教師を務めたポリーヌは、一語一句を検討して総計七〇〇〇箇所の文体を変更した。しかし、この綿密な作業にもかかわらず、手記の内容と教えの本質がいささかもまげられずにすんだのは、テレーズが生前ポリーヌに、「あなたは私の霊魂のすべてをご存じです」と言っていたことからも推察できるであろう。

　また、テレーズがこまごまと記した幼年時代の思い出のあるものは、本人と、家族以外の第三者にとってさして興味のない出来事であって、これらが手際よく整理されたことには、読者も気づかずにすんだほどである。

　ところで、悲劇的とも言えるもう一つの介入があった。それはほかでもなく、マリー＝ド＝ゴンザグ院長が、三つの原稿共、あたかも自分に宛てて書かれた手紙であるかのように、話し相手を変えさせてしまったことである。こうすることで、断片的な三編が統一され、読みやすい一冊の書物となった。しかし、真相を知る者にとって、常軌を逸したこの命令は、支配と権威欲を保持する院長の「浅ましい虚栄心と嫉妬心」以外の何ものでもなく、テレーズの姉たちはこれによって癒しがたい心の傷を負わされたのである。

　しかし、この無意味な統一は早くも一九一四年に撤廃され、原状の区分に復帰された。

　なお、これらすべての問題に終止符が打たれたのは、一九五六年に公刊された四巻からなる注解版で、その第一巻は『一つの霊魂の物語』の主要部分をなす手稿のフォトスタット版を含んでいる。材質にいたるまで原物に近く複製された手稿には、いたるところに訂正の跡が見られ、これがかえって原物を手にしているような印象を与える。

残る三巻は、本文の考証、注解、異本間の比較表をはじめ、書体の鑑定や語彙の索引など、あらゆる部門にわたる詳細な研究の収録である。一修道女の手になる素朴な手記や書簡が、これほど広範囲にわたる精密な研究の対象となったことは、かつてなかったことである。

一九四七年に、テレーズの二三八におよぶ書簡集が発行された。最初の手紙は、三歳のとき長姉マリーに書いた一行で、最後を飾るのは、死の三週間前、聖画の裏にふるえる手でしたためた、慕わしい聖母マリアに捧げる五行の言葉である。

ほかに、テレーズから養成を受けた姉セリーヌの手になる『勧告と思い出』、テレーズが病床で語った六か月間の言葉をポリーヌが克明に記録した『最後の言葉』、これには教区の列聖調査（一九一〇）の準備として記された下書き『緑色のノート』、この翌年ポリーヌ個人の記録として書き直された『黄色いノート』、さらに一九二七年に出版された『ノヴィシマ・ヴェルバ』（邦訳『小さき花の聖テレジアの最後の言葉』）がある。

名もない一修道女の手記や手紙は言うにおよばず、折りにふれて紙片にしたためたメモにいたるまで、残らず整理され保管されたことは、前例がないと言わなければならない。

一九七九年には、テレーズの詩作五四編と詳細な注解書が出版された。

天性と神の恵みの傑作

テレーズの著作全般について、文体や表現がいわゆる少女趣味の域を脱しないという偏見を抱く人々がいる。しかし、そこにはテレーズ個人の傾向よりも、時代の反映を読みとるべきであろう。いかにも単純な、子どもらしいとも言える象徴や表現の奥に隠されている真理の計りがたい豊かさ、深さに、単なる文学作品を超える神のわざを発見し、慈しみ深い神とのめぐりあいに導かれる人の、いかに多いことか。

ユダヤ人の哲学者エディット＝シュタイン、この非凡な女性は改宗してカルメル会の修道女となり、ナチの収容所で生命を捧げるのであるが、「テレーズの文体には好感がもてない」と言った一人の友人に、次のような手紙を送っている。

「あなたがテレーズについてお書きになったことにびっくりしました。……私が受けた唯一の印象は、極みまでひたむきに神の愛に貫かれた一人の人間の前に、自分が立たされているということでした。私には、これ以上偉大なものがあるとは思われません。私も力の限り、少しでもこのように生き、人にも生きさせたいと願っています。」

ともあれ、テレーズの著作と、テレーズが語り、自ら生きぬいた言葉のすべては、現代もなお、「テレーズの天性と、神の恵みの傑作」（バイユとリジュ教区司教フランソワ＝ピロー）と謳われているのである。

テレーズの写真

テレーズの時代、写真は最新の発明品であって、とくに、カルメル修道院のような閉域では、かなり珍しいものの一つであった。ところが、姉のセリーヌが写真技術を身につけていたばかりか、撮影に要する一切の道具をかかえてカルメル修道院に入る。当時ではまれなこの特例のおかげで、修道女テレーズの容姿は四三枚ものフィルムに納められ、保管された。なかでも、ジャンヌ＝ダルクに扮した写真の一葉は、テレーズの内面を最も美しくとらえた一つと評されている。

最初の写真は三歳のときのもので、母親の手紙によれば、「いつもにこにこしているテレーズが、写真師が暗幕を被ったとたん、恐れて顔をしかめた」という。テレーズのほほえみが見られない唯一の写真である。

最後の年の六月、セリーヌはテレーズの死期が迫っているのを予感してか、カルメル会の正式な修道服をつけ、二枚の聖画を手に跪く姿をカメラに納めた。数日前まで、相次ぐ喀血と、「自分はもう死ぬのではないかと思うほどの苦しみに襲われていた」テレーズが、その日は小康をえたと感じたらしい。ところが、思うようなポーズがとれないことで、セリーヌはいらいらし、二回もやり直す。他方、衰弱しきっている病人は、重い修道服と九秒もの露出時間に耐えられず、「早くして！　もう、力がありません！」と、思わず叫んでしまう。

このあと、ゆるしを求めたセリーヌに、テレーズから一枚の紙片が届けられた。

「欠点の多い人たちの仲間でおりましょう。そして、小さい者として生きましょう。自分を低くして、静かに自分の弱さと付き合うこと。これが、ほんものの聖徳です。」

テレーズはマルタン家の姉妹のなかでは最も長身で、一六二センチあり、ふっくらとした顔立ち、優しいほほえみ、生き生きとした表情、どこかを見つめているような深いまなざしが特徴であった。テレーズと生活を共にした人々のほとんどが、「テレーズはきれいな人だった」と語っている。

テレーズの死後、自叙伝と同時に、何百万もの小さい肖像が人々の手から手へと渡った。これらは、姉たちが最も美しいと判断して選択した印画を複合し、セリーヌの描いた肖像に合わせて修正したものである。愛らしいほほえみを浮かべ、ばらの花冠をつけた少女の顔、ばらで覆った十字架を手にほほえむ端正な修道服の姿など。こうした肖像は大衆の圧倒的人気を博したが、テレーズの真の面影を洞察するのを阻む壁となったことは否めない。

テレーズの写真が公表され始めた頃、ドイツで「テレーズのほんとうの顔」に接した一人は思わず、「……まるで、イエス＝キリストを女にしたような顔だ」と呟いたという。やがて、甘い少女趣味を満たすような肖像に、ほんものの写真が代わるようになる。

証人となった姉たち

テレーズの教えが誤解や偏見に左右されず、全世界に正しく伝えられ、教会の共有財産となるには、たしかな証人を必要とした。ところが、わずか二十数名の修道院のなかに、四人の姉妹と一人の従姉妹が生活を共にしていたのであるから、テレーズは証人にこと欠かなかったのである。

一修道女の言行が、臨終と死後にいたるまで、これほど克明に、しかも肉親の姉たちによって記録された例はまれであろう。

さらに、姉たちはみな、長寿を全うした。長女のマリーは八〇歳、次女ポリーヌと五女セリーヌは九〇歳で帰天している。こうして、末の妹を見送ってから五十余年ものあいだ、姉たちは資料の不備を補い、曖昧な点は明確にし、詳細にわたる言行の記録を再確認して、他に類例を見ない参考資料を整えることができたのである。

修道名について

カルメル会では、入会後一定期間志願者として養成を受けたのち、修練期に入るときに着衣式を行い、修道服と修道名を受ける慣習がある。自分の姓名に代わる修道名を持つことで、一切から離脱し、神のみに奉献された者となることを表すためである。

テレーズ＝マルタンの正式な修道名は、幼いイエスと尊い面影のマリー＝フランソワーズ＝テレーズ修女であった。長女マリーは、み心のマリー修女、次女ポリーヌはイエスのアニェス修女、五女セリーヌは聖テレーズのジュヌヴィエーヴ修女と呼ばれていた。しかし、本書では煩雑になるのを避けるために、マルタン家の姉妹はすべて入会前の呼び名でとおした。

あとがき

リジュのテレーズの生涯と思想に関する著作や研究書、神学的考察に基づく論文は枚挙に暇がなく、そのすべてを網羅することは不可能に近い。わずか二四年の生涯を、カルメル会の修道院で人目に触れずに過ごした一修道女が、死後ほどなく世界の檜舞台に上げられ、あらゆる階層の人々の注目の的となり、愛され、慕われ、神の恵みを取りついでほしいと嘆願され、じっさいに奇跡的な出来事が一〇〇年後の現在も起こりつつあることを考え合わせるとき、人為のおよばない「何か」が働いていることに気づかされる。

「人と思想」シリーズにリジュのテレーズを、とのご依頼を受けたときから、私の脳裏にはつねにこの「何か」に頼る思いがあった。それはおそらく、「地上に善を行うために降りてきます」と約束したテレーズ自身のダイナミックな祈りであったと思う。

従来、わが国ではキリスト教の世界以外にはほとんど知られていなかったテレーズが、本書をとおして、宗派を問わず広く日本の社会に紹介されることになったのは、ひとえに清水書院の清水幸雄氏のおかげである。と同時に、執筆者として不肖の私をご推薦くださった立教大学元教授野呂芳男先生のご厚意に、この紙面を借りて心底から深く御礼申しあげたいと思う。

キリスト教の信仰をぬきにしては、修道生活の本質を理解することはまことにむずかしい。その上、テレーズは閉域のカルメル修道院で生活し、外部に現れる活動は皆無であったから、目には見えない神と、共に生活する修道女たちとのかかわりのなかでしか、テレーズの真価を計ることはできないのである。

そこで、テレーズを知るために大きな役割を担うのが、手記と手紙、詩作である。数えきれない文献のなかから、できる限り邦訳されているテレーズの原文を引用するように努めたのは、これらの訳書に読者自身が親しむ日の訪れを願ったからである。文章や詩のいくつかは、筆者がフランス語の原文から翻訳した。

修道会を形作る共同体について言えば、主キリストの名のもとに集められた真の家族であって、その中心は復活されたイエス＝キリストである。初代教会の模範にならい、信仰に根ざし、希望に励まされてひとつの心、ひとつの精神を保ちながら、神への愛と相互愛を生きていく。

言うまでもなく、この理想にいたるには、互いに人間の弱さを担い合い、相手をかけがえないひとりとして敬い、仕え合わなければならない。修道会にとって、共同体が大きな喜びであると同時に、自己中心的な自我との絶え間ない戦い、没我をめざす修練の場となるのはこのためである。

リジュのカルメル共同体もまた、時代と所を問わず、どこの修道家族にもありうる試練に苦しんだ。長上のマリー＝ド＝ゴンザグ修女が、ごく一部を除くほとんどの修道女にとって、ときには耐えがたい重く苦しい存在であったことは、どの資料にも明白であり、これを曖昧にしてはテレーズの真の姿を浮き彫りにするのは不可能である。また、テレーズをとりかこむ修道女たちの実態も、資料に基づいてありのままを記述する必要があった。

これは、修道女である私自身にとり、ある意味で心苦しいことではあったが、テレーズの真の偉大さを洞察するためには、避けて通れなかったのである。

さらに、信仰生活に不可欠のミサ、その他の秘跡、また重要な意味をもつテレーズの神秘体験、当時のカルメル会固有の慣例で読者には理解しがたいと思われる部分は割愛した。本書が「人と思想」の視点とは、おそらくやや異なる編年記的な伝記に近いものになったのも、テレーズの霊性の深まりを、年月の歩みに沿って語るほうが、一般に把握しやすいと考えたからである。

最後に、長い間終始お励ましくださった清水幸雄氏に、また写真、校正その他、こまやかなご配慮を惜しまずに完成まで運んでくださった編集部の徳永隆氏、祈りで支えてくださった多くの方々、わけても東京と山口のカルメル修道院の修道女方、さらに、依頼した写真をすべて、特別なご好意でお寄せくださったオフィス－サントラール－ド－リジュに特別の感謝の意を表し、最後に、私が所属するコングレガシオン－ド－ノートルダム修道会への感謝を新たにして、この拙い書を閉じたいと思う。

一九九四年一〇月一日　　リジュの聖テレーズの祝日に

リジュのテレーズ年譜

西暦	年齢	年譜	参考事項
一八七三		1・2、アランソンでマリー＝フランソワーズ＝テレーズ＝マルタン誕生。 1・4、ノートル－ダム教会で受洗。	ドイツでカトリック教会五月法公布。 キリシタン禁令高札撤去
七七	4	8月、母アゼリ＝マルタン死去。翌日、姉ポリーヌを第二の母と選び、「小さいママ」とよぶ。 11月、マルタン一家、リジュのブイソネ荘に転居。	西南戦争おこる。 露土戦争おこる（～七八）。 幼きイエズス修道会、来日。
八一	8	半寄宿生としてベネディクト修道会の寄宿学校に入学。	ロシア皇帝アレクサンドル二世、暗殺。 日本、国会開設の詔。
八二	9	ポリーヌ＝マルタン、リジュのカルメル会に入会。	独・墺・伊、三国同盟。
八三	10	5月、発病するも聖母のほほえみにより奇跡的に全快。8月中アランソンで過ごす。	イギリス、フェビアン協会設立。
八四	11	ベネディクト会修道院で初聖体を受ける。 ポリーヌ、カルメル会で誓願を立てる。	
八五	12	「小心の病気」始まる。	ベルギー、コンゴ獲得。

一八八六	13	健康上の理由で寄宿学校をやめ、パピー夫人の個人教授を受けに通う。 姉マリー＝マルタン、リジュのカルメル会に入会。 降誕祭の夜に「回心」。	北緯代牧区オズーフ司教教皇レオ13世の親書を明治天皇に奉呈。 フランスでブーランジェ運動高まる。
八七	14	5月、父にカルメル会入会の許可を願う。 10月、ユナゴン司教を訪問。 11月、ローマに旅行、教皇レオ13世に謁見。 12月、ユナゴン司教より入会許可がおりる。しかし、入会は四旬節のあとに延期される。	西園寺公望、答礼のため教皇レオ13世に謁見。
八八	15	4・9、リジュのカルメル会に入会。 5月、マリー、カルメル会で誓願を立てる。 6月、父ルイ＝マルタン、4日間行方不明となる。	ドイツ、ヴィルヘルム2世即位。 マリア会、来日。
八九	16	1・10、着衣式。 2月、父、カンの精神病院に入院。	ドイツ、ビスマルク下野。
九〇	17	9・8、誓願を立てる。	ブリュッセル会議。 日本、教育勅語発布。
九一	18	10月、プルー師の指導する黙想会で光を得る。 12月、修道院でインフルエンザが猛威をふるう。	フランスで協力政策。社会問題に関する回勅の

一八九三	20	ポリーヌ、院長に選出され、テレーズは修練長マリー＝ド＝ゴンザグの補佐に任じられる。	『レールム・ノヴァールム』発布。
九四	21	父ルイ＝マルタン死去。 セリーヌ＝マルタン、リジュのカルメル会に入会。 12月下旬、院長ポリーヌは幼年期の追憶を書くことをテレーズに命じる。	露仏同盟。 教皇レオ13世、キリスト教一致についてのメッセージ発布。 日清戦争おこる（〜九五）。
九五	22	6・9、神のあわれみの愛に自己を奉献する。	
九六	23	1月、自叙伝（『原稿A』）を院長ポリーヌに手渡す。 2月、セリーヌ、誓願を立てる。 3月、マリー＝ド＝ゴンザグ、院長に再び選出され、テレーズは修練長補佐役を継続する。 4月、最初の喀血。死の時まで続く内的試練、信仰の闇始まる。 9月、固有の使命の発見。長姉マリーの依頼に応じ、手紙（『原稿B』）を執筆。	アディスアベバの和約。 厳律シトー会（女子トラピスチヌ）、来日。
九七	24	病状悪化。ポリーヌはテレーズの言葉を書きつけ始める。 6月、ポリーヌの願いにより、マリー＝ド＝ゴンザグ院長はテレーズに修道生活について書くことを命じる。 7・8、修室を去って病室に移る。衰弱のため手記（『原稿C』）	

		を未完成のまま院長に渡す。	
一八九八		9・30、愛による死。10・4、リジュの共同墓地に埋葬される。自叙伝の発行。	ファショダ事件。
一九二九		5・17、教皇ピオ11世により列聖される。	ラテラノ条約、ヴァティカン市国成立。世界大恐慌始まる。東京カトリック大神学校開設。

以上の年譜は、『小さき聖テレジア自叙伝』と『現代キリスト教の発展』（キリスト教史第一〇巻、上智大学中世思想研究所編訳・監修）を参照して作成した。

参考文献

●リジュのテレーズの著作の訳書（刊行順）

『小さき聖テレジア自叙伝』 東京カルメル会訳 ──── ドン・ボスコ社 一九六二
『幼いイエズスの聖テレーズの手紙』 福岡カルメル会訳 ──── 中央出版社 一九六三
『テレジアの詩』 伊庭昭子訳 ──── 中央出版社 一九六九

●リジュのテレーズの関連文献（刊行順）

『ある家庭の物語』 S・J・プラト著 カルメル会訳 ──── ドン・ボスコ社 一九五二
『リジュの聖テレジア』（全く新しい道） M・M・フィリポン著 東京カルメル会、P・エグリ共訳 ──── ヴェリタス書院 一九五三
『隠された顔』 I・ゲレス著 吉沢清次郎訳 ──── 鹿島出版社 一九六九
『死と闇をこえて』（テレーズの最後の六か月） G・ゴシェ著 福岡カルメル会訳 ── 中央出版社 一九七三
『空の手で』（リジュの聖テレーズのメッセージ） C・ド・メーステル著 福岡カルメル会訳 ──── 中央出版社 一九七五
『私の使命それは愛です』 P・M・デュクロク著 西宮カルメル会訳 ──── 中央出版社 一九八四
『リジュの聖テレジアと共に歩む祈りの道』 V・シオン著 西宮カルメル会訳 ── 中央出版社 一九八六
『テレーズ・マルタン』（ある人生のものがたり） G・ゴシェ著 徳山登訳 ── 聖母の騎士社 一九八八
『わがテレーズ、愛の成長』 幼きイエズスのマリー・エウジェンヌ著 伊従信子訳 ─ 中央出版社 一九九一

●リジュのテレーズの原書文献（刊行順）

Office central de Sainte-Thérèse de l'Enfant-Jésus : Novissima Verba, Lisieux, 1926

Philipon, Marie-Michel : Sainte Thérèse de Lisieux ; une voie toute nouvelle, Desclée de Brouwer 1946

Van der Meersch, Maxence : La petite sainte Thérèse, Paris, Albin Michel, 1947

Piat, Stephane-J. : Histoire d' une famille ; une école de sainteté, le foyer où s' épanouit sainte Thérèse de l' Enfant-Jésus, Lisieux, Office central, 1947

Combes, André : La petite sainte Thérèse de Maxence Van Der Meersch devant la critique et devant les textes, Editions Saint-Paul, 1950

Combes, André : Le problème de l' histoire d'une âme des oeuvres complètes de sainte Thérèse de l'Enfant-Jésus, Ed. St-Paul, 1950

André-Delastre, Louise : Azéline Martin, mère de sainte Thérèse de l'Enfant-Jésus, Ed. du Sud Est, 1951

Piat, Stephane-J. : La Vierge du Sourire et sainte Thérèse de l'Enfant-Jésus, Office central de Lisieux, 1951

Combes, André : L'amour de Jésus chez sainte Thérèse de l'Enfant-Jésus, Ed, St-Paul, 1951

Parkinson, Keyes : Sainte Thérèse de Lisieux, Presse, 1951

Petitot, L. - Henri : Sainte Thérèse de Lisieux ; une renaissance spirituelle, Ed. de la Revue des jeunes, 1952

Piat, S. - J.: Marie Guérin ; cousine et novice de sainte Thérèse de l'Enfant - Jésus, Carmel de Lisieux, 1953

Carmel de Lisieux : La mère de sainte Thérèse de l'Enfant-Jésus, Carmel de Lisieux, 1954
Geneviève de la Sainte Face : Sainte Thérèse de l'Enfant - Jésus, Conseils et souvenirs, Carmel de Lisieux, 1954
Combes, André : Sainte Thérèse de Lisieux et sa mission. Les grandes lois de la spiritualité thérésienne, Ed. Universitaires (Paris), 1954
Philipon, M.-M. : Le message de Thérèse de Lisieux, Ed. St-Paul, 1954
Office central de Lisieux : Une vie, une éternité ; Sainte Thérèse de l'Enfant-Jésus, Ed. de l'Office central de Lisieux, 1955
Carmel de Lisieux : Le père de sainte Thérèse de l'Enfant-Jésus, Carmel de Lisieux, 1955
Carmel de Lisieux : Manuscrits autobiographiques de sainte Thérèse de l'Enfant - Jésus, Office central de Lisieux, 1956
Miller, Eugène : Sainte Thérèse de l'Enfant-Jésus, Beauchemin, 1956
Hendecourt, M. M. : La Perfection de l'Amour, d'après sainte Thérèse de l'Enfant-Jésus, Nouvelles Editions Latines, 1956
François de l'Immaculée Conception, o. c. d. : Mieux connaître sainte Thérèse de Lisieux ; Textes d'aprés les manuscrits autobiographiques, Paris, Librairie Sainte-Paul, 1958
Thone, Paul Chab. : La sainte de Lisieux vous parle, Genval, Ed. "Marie-Médiatrice", 1960
Croizard, Maurice : La plus grande sainte des temps modernes ; sainte Thérèse de l'Enfant-Jésus d'après les manuscrits autobiographiques originaux, Coulommiers - Paris, Les Productions de Paris, 1960
Carmel de Lisieux : Visage de Thérèse de Lisieux, Office central de Lisieux, 1960-1961

Albert du Sacré- Coeur, o. c. d. : Approches du mystère de sainte Thérèse de l'Enfant - Jésus, Ed. Alsatia, 1961
Descouvemont, Pierre : Sainte Thérèse de l'Enfant-Jésus et son prochain, Lethielleux, 1962
Poinsenet, Dominique : Thérèse de Lisieux, témoin de la foi, Ed. G. P., 1962
Louis de Sainte-Thérèse o. c. d. : Essais thérésiens, Ed. Pyrénéennes, 1965
Garrone, Gabriel-Marie : Ce que croyait Thérèse de Lisieux, Mame, 1968
Lafrance, Jean : Thérèse de Lisieux et sa mission pastorale ; essai de pédagogie thérésienne, Desclée de Brouwer, 1968
Honoré, Hippolyte : Le message d' une femme, Thérèse de Lisieux, Ed. Salvator, 1968
Markmiller, C. Barbara : La petite voie aujourd'hui, Ed. Paris, Apostola des Editions, 1970
Guillet, Louis : Thérèse dans ma vie, Mame, 1972
Laurentin, René : Thérèse de Lisieux, Mythes et réalité, Beauchenne, 1972
Sion, Victor : Réalisme spirituel de Thérèse de Lisieux, Lethielleux, 1972
Balthasar, Hans Urs von : Thérèse de Lisieux ; histoire d'une mission, Paris, Apostolat des Editions, 1973
Bro, Bernard : La gloire et le mendiant, Cerf, 1974
Deroo, André : Lumières sur sainte Thérèse de l'Enfant-Jésus et la famille Martin, Ed. P. Téqui, 1974
Six, Jean-F. : Vie de Thérèse de Lisieux, Seuil, 1975
Ducrocq, Marie-Pascale : Je soulèverai le monde, Paris, Apostolat des Editions, 1977
Guillet, Louis, o. c. d. : Gethsémani ; Sainte Thérèse : l'amour crucifié, Mame, 1979

Ed, réalisée par Soeur Cécile, du Carmel de Lisieux et Soeur Geneviève, O. P. du monastère de Clairefontaine : La Bible avec Thérèse de Lisieux, Cerf, 1979

Arminjon, Blaise : Une soif ardente, Desclée de Brouwer, 1980

Mugica, Jacques : Seigneur Jésus, comment t'aimer? Sur les pas de sainte Thérèse de Lisieux, Téqui, 1980

Daniel-Ange : Les blessures que guérit l'amour, Paris, Pneumathéque, 1981

Sion, Victor : Chemin de prière avec Thérèse de Lisieux, Cerf, 1982

Gaucher, Guy : Histoire d'une vie : Thérèse Martin, Cerf, 1984

Lafrance, Jean : Ma vocation, c'est l'amour : Thérèse de Lisieux, Médiaspaul, 1985

Joulin, Marc : Petite vie de Thérèse de Lisieux, Desclée de Brouwer, 1988

La Rochelle, Fernand : Une réponse d'amour ; Thérèse Martin, Ed. Paulines, 1989

Thérèse de l'Enfant-Jésus, sainte : Histoire d'une âme : manuscrits autobiographiques, Cerf, 1990

Emonnet, Gabriel : Vers l'éternel rivage avec Ste Thérèse Martin de l'Enfant-Jésus, Ed. du Chalet, 1990

Thérèse de Lisieux, sainte : qui a Jésus a tout : prières et poésies, Cerf, 1991

Descouvemont, Pierre : Thérèse et Lisieux / photographies, Helmuth Nils Loose, Cerf, 1991

Léonard, André-Mutien : "Par la confiance et l'amour" ; un chemin de vie spirituelle avec Thérèse de Lisieux, Ed. du Moustier, 1991

Renault, Emmanuel : L' épreuve de la foi : le combat de Thérèse de Lisieux, avril 1896 - 30 september 1897, Cerf, 1991

Molinié, M.-D. : Je choisis tout ; la vie et le message de Thérèse de Lisieux, Chambray-les-Tours

1992
Vrai, Suzanne : Thérèse de Lisieux et ses frères missionnaires, Ed. Paulines, 1992

さくいん

【人　名】

アウグスティヌス……一一七
アビラのテレサ……三七・五三・六四
アルマンジョン、アベ……四〇
アンリエット修女…一一三・一二三
アンリ四世……一二
イエスのアンナ修女　一一三・一二四
イザヤ（預言者）
……六四・六九・九三・一六九
インノケンチウス一〇世…五三
エリヤ（預言者）……四五
クルク……一七
ゲラン家（母方）……
三〇・六九・一四一・一四四・一七二
イジドル（祖父）……一三
イジドル（叔父）……
一三・一四・二二・二四・三〇・
四六・四九・六九・一二二・一五四
ジャンヌ（従姉妹）……二七
セリーヌ＝フルネ（叔父イジドルの妻）……
一三・三〇・三五・四九・一一二
マリー（従姉妹）……
三六・四九・六二・六六・七四・八九・
一一三・一二八・一三二・一四一・一六七
マリー＝ルイズ（伯母）
……一三・二三
ルイズ＝マセ（祖母）…一三
コンガール、イヴ……四
三位一体のマリー修練女　七四・
八〇・一一九・一三七・一五一・一七六
ジャンヌ＝ダルク…一〇三・一〇四
十字架のヨハネ……
四五・六四・六五・七九・八五・一六八
シュタイン、エディット　一八三
ジュヌヴィエーヴ修女……六八
ジュバリュ……八六
ド＝コルニエール博士……
一一三・一一九・一三八・一四四・一四六
ドラトロエット神父
……四六・四七・四九・六八
バイユの司教（ユナゴン）四六
パウロ六世……一七八
パピー夫人……三六
ピオ一一世……四
ピション神父……一一三
ピラト……一四六
ピロー神父、フランシス　一八三
フランシス＝ラ＝ネール博士（従姉妹ジャンヌの夫）
……一一三・一二三・一二九
プルー神父……六七
ベリエール神学生……一六七
ホノリウス二世……四五
マリー＝デ＝ザンジュ　五六・六五
マリー＝ド＝ゴンザグ……
二九・五〇・五三〜五六・六六・七一〜七三・
八〇〜八三・一〇八・一一一・一七一・一八一
マリー＝マドレーヌ修練女七四
マルタ修練女……七四・七六
マルタン家……一四〜一七・二〇・
五五・五八・六九・七四・八〇・九五・一八六
アゼリ＝マリー（母）
……一一〜一五・一七・二〇〜
二二・三〇・一四一・一四七
セリーヌ（姉）……
一七・二四・二七・二八・三〇・三三・
三五・三六・四一・五八・六一・六九・
七三・七四・八四・八九・九〇・一一二・
一三三・一三七・一七〇・一七一・一八四
ピエール（祖父）……一二
ポリーヌ（姉）……一五・
一六・二〇・二四・二六・二九・三一・
三四・三六・四三・四六・四七・五四・
五六・七一・七三・一二九・一三四・
一四四・一四六・一七〇〜一七二
マリー（姉）……一二・一五・
一六・二〇・二四・二六・三〇・三三・三四・
三五・四六・六九・一二四・一四〇・一七〇
ルイ（父）……一二〜一五・
二四・二六・三〇・三七・四六・四七・
四九・五〇・五八・六九・一五四
レオニー（姉）……一六・
二五・三五〜三八・五八・六九・一七二
モーセ……四三
モルトマン……一七八
ヤンセン、コルネリウス…五二
ユナゴン司教……六六

ヨハネ＝パウロ二世……四・一七三
ラーナー、カール……四四
ルーラン神父……一三一
レオ一三世……四七
ローザ（乳母）……一七
ロンシャン、ジャック……八六

【地名】

アビラ……四五
アランソン……
三・五・一三・二四・二六・三三・五九
オルビゲ河岸……一三
カン……六〇・六四・六九・八九
サイゴン……一〇五
サン-ブレーズ街……一五
セマレ村……一七
トレド……八六
ノルマンディー……一三・一三・一〇八
パリ……三〇・三一
ボルドー……一三
ラ-サルト河……一三
ラ-ブリアント河……一三
リジュ……三・五・
一三・一五・一六・二四・五八・一七二・一七三

【事項】

愛のエレベーター　九二・九四・一〇五
愛の奇跡……八一〜八三
愛の死……一六八・一六九
愛の優位性……七八・七九
アマンの寄宿学校……一五・三
アランソン-レース……一四・五九
イスラエルの民……四三
イスラム教徒……四五
異端説……五三
隠修士……四五
インフルエンザの流行……六八
エジプト脱出……四三
「おばかさん」……三四
学校生活……二七・三四
会　憲……五三
喀　血……一一八・一一九・一三二・一八四
家庭教育……一八〜二一・七六
カテドラル……三七
カトリシズム……一七五
カトリック……五・二一
——学校……一二一
神のあわれみ……六七・九二・九四〜九七
九九・一〇二・一〇三・一〇六・一一四・一二七・
一二八・一三五〜一三七・一五一・一七六・一七七
神のあわれみへの自己奉献
……一〇四〜一〇六
空の手……
四四・七五・九〇・一五〇・一五一・一七七
カルメル会修道院……
六・一七・二九・三一・三四・三六・三七・
四〇・四二・四六・五四・五五・五八・六七
カルメル会修道司祭……六
カルメル会の刷新……四五
カルメル山……四五
カルメル山の聖母の修道会四四
観想修道会……六・七九・一四〇
奇跡的回心……三七・三八
——治癒……三一〜三三・三八
「希望の神学」……一七八
教育女……一三
「教会憲章」……一五七
教会博士……六六
キリスト教……二〇
キリスト者……二一
苦　行……
四七・五二・五三・一〇六・一一七〜一一九
クララ修道会……三六・三七

グラン－サン－ベルナール修道院……一三
クリスマス……三七・三九
「苦しむ神の僕」……六四・六九・一六九
ゲッセマネのイエスの祈り……六〇
厳格主義者……五四
「国内移住者」……二
孤独……二六・三〇・三四・三六・三七・六〇・一二二・一二三・一三四・一三九・一六九
錯覚……四八・五八・一三〇
「砂漠」……二九・四三・四五・一三六
三誓願……四
三位一体の神秘を祝う日……一〇三
志願期（者）……三一・四九・五四・五六・五七・七五・一八六
四旬節……四七・一一七
自叙伝……九六・九九・一三四～一三七・一四九・一六四・一六五
使徒パウロの思想……六一・九七・九八・一二五・一二六
ジャンセニズム……五二・五三・一三八・一五〇・一七五
十字架の道行き……一〇六
十字軍……四五
修室……五〇・一一八・一一九・一三一・一三四
修道会……三・二七・四三・四四
修道女……三・五五・七四
修道生活……一三・二二・四三・四四
修道服……五九・一八五・一八六
修道名……一八六
修練院……五六・七四
修練期……五九・六〇・六三・一八六
修練女……五六・七四～七六・一〇九
修練長……五六・七一～七四
――補佐……一七・七一～七四・八〇・八一・一三一
純粋な愛の行為……七八・七九
小心……二七・三四～三七
召命……三一・四二・四五・九七・一六三
勝利の女王聖マリアに捧げられた大聖堂（パリ）……三一・一五四・一六二
神秘神学……一二四・一八〇
神秘生活……八六
神秘（現象の）体験……一〇六・一一四
信頼とゆだね……二四・七八・七九・一〇三・一〇五・一一五・一二四・一二七・一二八・一三六・一三七・一四九～一五一・一七六・一七七
聖ヴァンサン－ド－ポール修道会……一四
西欧世界の世俗化……二〇・二一
誓願式……六六・六七・七三・七四
聖金曜日……一一八・一一九
聖心会……一四
聖母マリア……五・九七・一四二・一五四～一六二・一六五
聖母被昇天の祭日……一三九
聖母訪問会……一三・一六
聖木曜日……一一七
聖霊降臨の祭日……三一
洗礼……一三
相互愛……二〇・七八・七九・一一〇～一一三・一二五・一七六・一七七
俗界……二
底知れぬ闇の試練……一二〇～一二三・一二九・一三九・一六一・一六九
大聖堂……四・五・一七三
第二ヴァティカン公会議……一五七
男子カルメル会……六四
――の改革……六五
「小さい子ども（人）」……六一・七八・九三～九五・一〇七
「小さい（私の）女王」……二五・四六・五〇・五九・六〇
小さい手帳……九二・九三
「小さいママ」……一六・二四・二九・三二・七一・一六四
「小さい道」……四・一〇四・一〇五・一四九・一五五
小さな砂の一粒……六三
父の幻影……二六
着衣式……一三・五九
トゥールのカルメル会……六六
独房……一三・六六
「留め針の刺し傷」……五六
内的な緊張……六一
内面の戦い……五九
二重生活……二八
二重の扉……四九
ノートルダム教会……一三
反教会派……一二
晩の祈り……二〇
ブイソネ荘……二四・三一・三七・四八・五七・六三・六五

福音の価値観……………………二〇
不思議な病気………………三〇～三三
復活祭………三〇・四七・一一七・一二〇
フランシスコ会……………………六七
閉　域……………………
　四五・五〇・五三・五六・八四・一二一・一八四
ベネディクト会……………………六四
ほほえみの聖母像三二・一三八・一七一
ポリーヌとの面会　……二九・三〇
マゾヒズム…………………一四三
マリア神学…………………一五七
マルタン家の教育…一八・二一・二四
ミ　サ……………………二〇・
　二二・三二・三七・四九・一〇二・一〇三・一七二
「無限のすべて」………六二・六三
無償の愛…………………一八・七八・
　一〇二・一〇三・一二六・一二七・一五一
無神論者………………………一三
「最も小さいテレーズ」
　………………………九四・九五
黙想会……………六七・八九・一二四
ヤンセン派……………五二・五三
「よい習慣」……………………一九
よき救い主病院……………………六〇

リジュの共同墓地………　一七二
レース学校…………………一四
レース製造店…………　一四・一五
ローマへの巡礼……………四七
「私のダイヤモンド」……………三六

【書　名】

『愛の生ける炎』……………六五
『ある暗い夜』………………四二
『カルメル山登攀』…………六五
『カルメル山の小さき花』　五
『勧告と思い出』　………　一八二
『黄色いノート』　…………
　一三四・一四〇・一六五・一八二
『最後の言葉』………………一八二
『書簡集』……………………一八二
『東洋の砂漠の教父伝』　一三六
『ノヴィシマ・ヴェルバ』
(『小さき花の聖テレジア
　の最後の言葉』)………　一八二
『一つの霊魂の物語』
　…………………………四・一八一
『緑色のノート』…………　一八二
『世の未来といのちの秘密
　について』　…………四〇
『霊の賛歌』………………六五

リジュのテレーズ■人と思想125　　定価はカバーに表示

1994年10月30日　第1刷発行©
2015年9月10日　新装版第1刷発行©

・著　者　…………………………菊《きく》地《ち》多《た》嘉《か》子《こ》
・発行者　…………………………渡部　哲治
・印刷所　…………………………広研印刷株式会社
・発行所　…………………………株式会社　清水書院

〒102-0072　東京都千代田区飯田橋3-11-6
Tel・03(5213)7151～7
振替口座・00130-3-5283
http://www.shimizushoin.co.jp

検印省略
落丁本・乱丁本は
おとりかえします。

Century Books

Printed in Japan
ISBN978-4-389-42125-0

Century Books

清水書院の〝センチュリーブックス〟発刊のことば

近年の科学技術の発達は、まことに目覚ましいものがあります。月世界への旅行も、近い将来のこととして、夢ではなくなりました。しかし、一方、人間性は疎外され、文化も、商品化されようとしていることも、否定できません。

いま、人間性の回復をはかり、先人の遺した偉大な文化を継承して、高貴な精神の城を守り、明日への創造に資することは、今世紀に生きる私たちの、重大な責務であると信じます。

私たちがここに、「センチュリーブックス」を刊行いたしますのは、人間形成期にある学生・生徒の諸君、職場にある若い世代に精神の糧を提供し、この責任の一端を果したいためであります。

ここに読者諸氏の豊かな人間性を讃えつつご愛読を願います。

一九六七年

清水

SHIMIZU SHOIN